1. DAS WICHTIGSTE AUF EINEN BLICK – SCHNELLÜBERSICHT

Damit sich jeder Leser in diesem Band rasch zurechtfindet und das für ihn Interessante gleich entdeckt, folgt eine Übersicht.

Im zweiten Kapitel wird **Friedrich Schillers Leben** beschrieben und der **zeitgeschichtliche Hintergrund** dargestellt:

⇨ S. 11 ff.

→ Friedrich Schiller lebte von 1759 bis 1805. Ein erster dichterischer Erfolg waren *Die Räuber* (1781).
→ Schiller gehört neben Goethe zur deutschen Klassik; wesentliche Lebens- und Wirkungsorte wurden Jena und Weimar im Herzogtum Sachsen-Weimar-Eisenach.
→ Ursprünglich Mediziner, wurde Schiller Professor für Philosophie in Jena, wirkte jedoch vorrangig als Historiker. Er schrieb parallel zu *Don Karlos* die *Geschichte des Abfalls der vereinigten Niederlande von der spanischen Regierung* (1788).
→ Das „dramatische Gedicht" *Don Karlos. Infant von Spanien* (1787) wurde eines der bedeutendsten politischen Dramen der deutschsprachigen Literatur.

Im 3. Kapitel werden eine Textanalyse und -interpretation geboten.

Don Karlos – Entstehung und Quellen:

⇨ S. 36 ff.

Die Arbeit begann 1782 und wurde von mehreren kommentierenden Texten begleitet; das Stück erschien 1787, beschäftigte den Dichter aber bis zu seinem Tod. Am Beispiel einer „hohen" Familie sollten antifeudale politische Entwicklungen gestaltet und die Inquisition als unmenschlich entlarvt werden. Literarische Vorbilder waren u. a. Lessings Trauerspiel *Emilia Galotti* und Anton Leisewitz' Trauerspiel

Julius von Tarent. Eine wichtige Quelle war die „historische Novelle“ des Abbé de Saint-Réal, in der über die Liebe zwischen Karlos und Elisabeth erzählt wird, für die es jedoch keine historischen Belege gibt.

Inhalt:

Der spanische Thronfolger Karlos gesteht dem aus Brüssel kommenden Freund Posa seine Liebe zur Königin Elisabeth, seiner Stiefmutter, die einst seine Braut war, aber aus staatspolitischen Gründen den ungeliebten Philipp, Karlos‘ Vater, heiraten musste. Posa berichtet vom unterdrückten Flandern, das unter den Spaniern leide. König Philipp lehnt unter dem Einfluss des Herzogs Alba Karlos‘ Wunsch ab, das Truppenkommando in Flandern zu übernehmen. Karlos wird durch einen Brief zu einem Rendezvous bestellt, aber nicht von der Königin, wie er annimmt, sondern von einer ihrer Hofdamen, Prinzessin Eboli. Intrigen und seine Liebe zur Stiefmutter verwickeln Karlos in gefährliche Situationen. Posa plant die Rettung Karlos‘, der den Niederländern helfen soll, und bekommt die Unterstützung der Königin. Seine Maßnahmen verwirren jedoch die Betroffenen, besonders Karlos. Um Karlos zu retten, opfert sich Posa durch falsche Selbstbezichtungen und wird erschossen. Bevor Karlos fliehen kann, übergibt Philipp seinen Sohn an die Inquisition. ➪ S. 48 ff.

Chronologie und Schauplätze:

Das „dramatische Gedicht“ spielt 1568, in der Regierungszeit Philipps II., dem Sohn des Kaisers des Heiligen Römischen Reiches Deutscher Nation Karl V., unter dem Spanien zur Weltmacht wurde. Es beginnt der Aufstand der Niederländer, der sich achtzig Jahre hinzieht und 1648 zur Selbstständigkeit führt. Stoff, Zeit und Orte werden von weltpolitischen Vorgängen geprägt, in die alle Personen einbezogen werden. Familiäre Intrigen und politische Ereignisse überschneiden sich fortlaufend. Aranjuez, der königliche Sommersitz, und Madrid, 1561 von Philipp II. zur Hauptstadt bestimmt, der königliche Palast und ein Kartäuserkloster (2.14.), sind die Handlungsorte und repräsentieren Privates, Machtpolitisches und Aufständisches.

Aufbau:

⇨ S. 58 ff.

Das Stück hat **fünf Akte** und ist **aristotelisch** gegliedert; es erfüllt alle Ansprüche an ein klassisches Drama. Doch befinden sich darin mehrere Brüche, die durch die verschiedenen Bearbeitungsstufen entstanden sind. Innerhalb des Dramas nimmt die **Eboli-Handlung** den Charakter eines selbstständigen Intrigenstücks (ausgelöst durch Brief- und Schlüsselgeheimnisse) an. Um ein „vollkommenes" Drama zu schaffen, schrieb Schiller das Drama in **reimfreien Jamben**, behielt aber eine Prosa-Fassung bei.

Personen:

⇨ S. 70 ff.

Die Hauptpersonen sind:

Philipp II., 41 Jahre:

- König von Spanien und anderer Regionen, auch Herrscher in Übersee,
- pflichtbewusst, aber misstrauisch und verschlossen,
- unbarmherzig als Herrscher,
- wird als Mensch zerrieben, als er seinen Gefühlen folgen will.

Marquis von Posa, 21 Jahre:

- Malteserritter und Freund Karlos',
- vertritt aufklärerische Prinzipien und die Regeln der Vernunft,

→ Freiheitsvorstellungen nach dem Naturrecht,
→ entspricht den Idealen der Gegenwart Schillers.

Don Karlos, 23 Jahre:
→ unüberbrückbare Gegensätze zum Vater,
→ Liebe zur Stiefmutter, die seine ehemalige Braut war,
→ empfindsam, sensibel, erregbar,
→ entwickelt antifeudale Vorstellungen für die Machtausübung.

Elisabeth von Valois, 23 Jahre:
→ wird als Vierzehnjährige mit Philipp II. verheiratet,
→ Philipp betrachtet sie als privates Eigentum,
→ erfüllt alle Forderungen an die Tugend ihrer Zeit,
→ politisch interessiert, sozial engagiert.

Prinzessin von Eboli, ca. 28 Jahre:
→ schön und herrschsüchtig,
→ lebt sich in der Unmoral ihrer Zeit aus,
→ wirkt als Intrigantin,
→ übt Rache als enttäuschte Frau.

Herzog von Alba, ca. 60 Jahre:
→ stammt aus berühmtem Geschlecht, Feldherr und Staatsmann,
→ tritt mit fanatischer Strenge für die katholische Kirche ein,
→ Verbündeter der Inquisition,
→ agiert mit teuflischem Vernichtungswillen.

Domingo:
→ Beichtvater des Königs und Vertrauter der Inquisition,
→ treuer Verbündeter von Alba,

→ lenkt und leitet die Intrigen,
→ widerwärtiger Verräter.

Der **Großinquisitor**, alt, namenlos, blind:
→ wirkt hinter der Szene,
→ kaum menschliche Züge, repräsentiert einen Typ,
→ rücksichtsloser Kampf gegen Andersdenkende,
→ Personifikation der politischen Macht der katholischen Kirche.

Stil und Sprache Friedrich Schillers:

➪ S. 106 ff.

→ reimlose Jamben (Blankvers) und Prosa
→ Bedeutung der Abstrakta und ihre Herkunft aus der Aufklärung
→ der philosophische Diskurs im 3. Akt, 10. Szene (Audienzszene)
→ die antithetische Struktur der Äußerungen Philipps und Posas
→ die Beziehungen zwischen gesprochenem Wort und Regieanmerkung
→ Mittel der sprachlichen Ironie

Verschiedene Interpretationsansätze bieten sich an:

➪ S. 113 ff.

→ der politische Charakter des Stücks und seine Intrigen
→ Inquisition und Verbrechen im Stück
→ die Stellung des Stücks zwischen Aufklärung, Sturm und Drang und Klassik
→ das Scheitern aufklärerischer Ideen

Rezeptionsgeschichte:

➪ S. 119 ff.

→ die zurückhaltende Reaktion der Zeitgenossen
→ Inszenierungen und Bearbeitungen zu Lebzeiten Schillers
→ Parodien und weitere Stücke in der Nachfolge (Drama, Oper)
→ das Stück im Dritten Reich
→ Inszenierungen nach 1945

2. FRIEDRICH SCHILLER: LEBEN UND WERK

Friedrich Schiller (1759–1805) © Richter/ Cinetext

2.1 Biografie

JAHR	ORT	EREIGNIS	ALTER
1759	Marbach am Neckar	10. November: Johann Christoph Friedrich Schiller als zweites Kind seiner Eltern geboren. Vater: Johann Kaspar Schiller, Feldscher, Wundarzt, Offizier; Mutter: Elisabeth Dorothea, geb. Kodweiß, Gastwirtstochter. Taufe am 11. 11.	
1764/66	Lorch	Die Familie folgt dem Vater in seine Standorte, zieht mehrfach um und wohnt schließlich seit 1764 in Lorch: erster Elementarunterricht, Lateinunterricht.	5/7
1767	Ludwigsburg	Eintritt in die Lateinschule; Ausbildung zum Geistlichen vorgesehen. Besuch der Schule gemeinsam mit Friedrich Wilhelm von Hoven. Schulabschluss 1772; Aufforderung des Herzogs an den Vater, den Sohn auf die *Militärische Pflanzschule* (Militärakademie) zu entsenden.	8
1773–1780	Stuttgart	16. Januar: *Militärische Pflanzschule* des Herzogs Karl Eugen von Württemberg (spätere Hohe Karlsschule), anfangs auf der Solitude bei Stuttgart. Uniform, Kasernenleben. Juristische, seit 1776 medizinische Studien. Intensive Lektüre, u. a. Lessing, Goethes *Werther* und Shakespeare. Mehrfach erkrankt.	13–21
1777	Stuttgart	Erste Szenen der *Räuber*. Sie erscheinen 1781.	18
1779	Stuttgart	14. Dezember: Stiftungstag der Karlsschule in Anwesenheit Karl Augusts von Sachsen-Weimar-Eisenach, Goethes und	20

JAHR	ORT	EREIGNIS	ALTER
		des Freiherrn von Dalberg (seit 1778 Intendant des Mannheimer Theaters).	
1780–1782	Stuttgart	15. Dezember 1780: Regimentsmedikus bei dem verrufenen Grenadierregiment Augé. Militärarzt und Dichter. Hat den Ruf eines Verschwenders.	21–23
1781	Mannheim	Herbst: Besuch bei dem zehn Jahre eingekerkerten Dichter und Publizisten Christian Friedrich Daniel Schubart (1739–1791) auf dem Hohenasperg.	22
1782	Mannheim	Uraufführung der *Räuber* am 13. Januar im Beisein Schillers, der sich unerlaubt von Stuttgart entfernt hatte. Ende Mai: Dalberg weist Schiller in einem Gespräch auf die Schriften des Abbé Saint-Réal hin. Schiller schreibt am 15. Juli an Dalberg, dass *Karlos* vielleicht eines „von den nächsten Sujets" sei, das er bearbeiten werde (NA 23, 38).	22
	Bauerbach	Ankunft am 7. Dezember: Nach Arrest (28. 6.–11. 7.) wegen zweiter unerlaubter Reise nach Mannheim und Verbot des „Komödienschreibens" durch den Herzog flieht Schiller am 22. 9. als „Dr. Ritter" mit Andreas Streicher[1] über Mannheim auf das Gut Henriette von Wolzogens. – Bittet am 9. 12. den Bibliothekar Wilhelm Reinwald, seinen späteren Schwager, um die Werke Saint-Réals (NA 23, 55–56).	23

1 Johann Andreas Streicher (1761–1833) lernte 1781 Schiller persönlich kennen. Er stellte das für seine Musikausbildung vorgesehene Geld für die Flucht 1782 zur Verfügung und begleitete Schiller bis Worms. Am 8. April 1785 verabschiedeten sich beide vor Schillers Aufbruch nach Leipzig, sie sahen sich nie wieder. Er schrieb *Schillers Flucht von Stuttgart und Aufenthalt in Mannheim von 1782 bis 1785*. Stuttgart und Augsburg, 1836, ein wichtiges Dokument über die Entstehungszeit des *Don Karlos*.

JAHR	ORT	EREIGNIS	ALTER
1783	Bauerbach	**März/April: Erster Plan zum *Dom Karlos. Prinz von Spanien. Trauerspiel* („*Bauerbacher Entwurf*")[2].**	23
	Mannheim	24. Juli: Plötzliche Abreise nach Mannheim. 1. September–31. August: Theaterdichter bei Dalberg, wenig Gehalt und hohe Ausgaben. Schwer erkrankt.	
1784	Mannheim	März: Sieht die Erstaufführung von Leisewitz' *Julius von Tarent*. Mai: Bekanntschaft mit Charlotte von Kalb (1761–1843). Juni: Erste Begegnung mit Charlotte von Lengefeld, seiner späteren Frau. **Weiterarbeit am *Karlos*, Entscheidung für den Vers.**	24
		27. Dezember: Karl August von Sachsen-Weimar und Eisenach verleiht ihm den Titel „Weimarischer Rat" nach der Lesung des 1. Aktes von *Dom Karlos* vor dem Darmstädter Hof.	25
1785	Mannheim	**März: Veröffentlichung der *Rheinischen Thalia* (einziges Heft, später als 1. Heft der *Thalia* gezählt). Darin: *Dom Karlos* (Vorwort, 1. Akt mit 1349 Versen und einigen Prosabemerkungen, vgl. 1. Akt der Ausgabe 1805: 1014 Verse).**	25
	Leipzig (Gohlis)	**April–September: Einladung Christian Gottfried Körners; Arbeit am 2. Akt des *Karlos*.** **Juli: Sch. liest Karl Philipp**	

2 NA 7 II, 183. In anderen Nachweisen (z. B. Pörnbacher, S. 77) wird der *Entwurf* auch als *Bauerbacher Plan* bezeichnet. – Die Formen *Don Carlos*, *Dom Karlos* und *Don Karlos* stehen nebeneinander und wurden von Schiller gebraucht. In den letzten Jahren hat sich die Form *Don Karlos*, die Schiller am häufigsten verwendete, nach der Ausgabe von 1805 durchgesetzt. „Dom" ist die portugiesische Variante von „Don", eine höfliche, respektvolle Anrede von lat. „dominus" (Herr), die zugleich als Titel verwendet wird.

Dh

Dh

Dh

JAHR	ORT	EREIGNIS	ALTER
		Moritz Szenen vor, der begeistert ist, nachdem er *Kabale und Liebe* scharf kritisert hatte.	
1785–1787	Dresden (Loschwitz)	11. September: Wohnung zuerst in Körners Weinberghäuschen, ab Oktober in der Stadt. Körner regelt Schillers Schulden. Freundschaft mit Huber und der Familie Körner. **Plan zum *Abfall der Niederlande*. Arbeit am *Karlos*, teilweise veröffentlicht in der *Thalia*.**	25–27
1787	Dresden	Februar: Leidenschaft zu Henriette von Arnim, Trennung. **Abschluss des *Dom Karlos* in Tharandt und Ende Juni Veröffentlichung.**	27
	Weimar	Juli: Reise zu Charlotte von Kalb. Bekanntschaft mit Wieland, Herder, Herzogin Anna Amalia u. a. August: Aufenthalt in Jena.	
	Hamburg	**29. August: Uraufführung des *Karlos* in Hamburg, Regie: Friedrich Ludwig Schröder (spielt auch den Philipp), Johann Philipp Klingmann als Karlos.**	
	Rudolstadt	6. Dezember: Trifft die Schwestern Charlotte von Lengefeld und Karoline von Beulwitz. Es beginnt eine spannungsreiche Dreiergemeinschaft, die lebenslang besteht.	28
1788	Weimar	Januar: Manuskript *Geschichte des Abfalls der vereinigten Niederlande von der spanischen Regierung* an Göschen.	28
	Rudolstadt	7. September: Eine erste Begegnung mit Goethe verläuft distanziert.	
	Weimar	15. Dezember: Goethe sorgt dafür, dass Schiller auf eine außerordentliche Professur für Philosophie (Geschichte ist besetzt) zu Ostern 1789 in Jena berufen wird. Dankbesuch bei Goethe.	29

JAHR	ORT	EREIGNIS	ALTER
1789	Jena	11. Mai: Übersiedlung nach Jena. 26. Mai: erfolgreiche Antrittsvorlesung *Was heißt und zu welchem Ende studiert man Universalgeschichte?*	29
	Bad Lauchstädt/Leipzig	August: Geheim gehaltene Verlobung mit Charlotte von Lengefeld.	
	Rudolstadt	September/Oktober: einmonatiger Urlaub. Verwirrung, da er beide Schwestern von Lengefeld liebt.	
	Jena	Vor 24. Dezember: Verleger Göschen schlägt Schiller eine *Geschichte des Dreißigjährigen Krieges* vor.	30
1790	Jena	3. Januar: Ernennung zum Hofrat des Meininger Hofs.	30
	Wenigenjena	22. Februar: Eheschließung mit Charlotte von Lengefeld.	
	Jena	31. Oktober: Goethe besucht Schiller in Jena; Gespräch über die Philosophie Kants.	
1791	Jena	Januar: Ausbrechen der Krankheit Schillers (kruppöse Pneumonie, begleitet von einer trockenen Rippenfellentzündung). An seinem Krankenbett der junge Novalis. Februar: Beginn der Kant-Studien. März: Schiller wird von den Vorlesungsverpflichtungen entbunden.	31
	Karlsbad	Juli: Mit Charlotte und Karoline zur Kur.	
	Erfurt	**25. September. Weimarer Schauspieler führen *Don Karlos* auf.**	
	Weimar	**Oktober: Für *Karlos*-Aufführung plant Schiller Überarbeitung**.	
	Kopenhagen	Dezember: Das Gerücht von Schillers Tod veranlasst den dänischen Schriftsteller Jens Baggesen, beim Herzog Friedrich Christian von Schleswig-Holstein-Augustenburg für Schiller eine Pension für drei Jahre zu erwirken. – Um Weihnachten: Besuch von Novalis.	32

JAHR	ORT	EREIGNIS	ALTER
1792	Jena Weimar Paris	Fortsetzung der Kant-Studien. **28. Februar: Erste Aufführung des *Don Karlos* in Weimar.** 26. August: Schiller wird „Ehrenbürger Frankreichs" (Diplom erst 1798 erhalten).	32
1793	Jena Schwaben Stuttgart	April/Mai: Ende der wenig erfolgreichen Universitätstätigkeit mit einem Kolleg über Ästhetik. Juli: Besuch Baggesens. August: Reise mit Charlotte. 14. September: Geburt des ersten Sohnes Karl, drei weitere Kinder folgen. Oktober: Beim Besuch der Karlsschule enthusiastisch gefeiert.	33
1794	Stuttgart Jena	März: Übersiedlung, umfangreicher gesellschaftlicher Umgang, Freundschaft mit dem Verleger Cotta. Mai: Rückreise über Würzburg und Meiningen. 14. Mai: Rückkehr. Freundschaft mit Wilhelm von Humboldt und Goethe. In den nächsten Jahren gemeinsame Arbeit (u. a. an den *Xenien*, am *Wallenstein*).	34
1797	Jena	„Balladenjahr" (Wettstreit mit Goethe).	37/38
1798	Weimar	12. Oktober: Uraufführung: *Wallensteins Lager* anlässlich der Eröffnung des umgebauten Theaters. Die Einkünfte steigen.	39
1799	Weimar	3. Dezember: Schiller zieht mit Familie nach Weimar.	40
1801	Dresden Weimar	August: Reise über Naumburg nach Dresden, Wohnung wiederum im Weinberghaus in Loschwitz. 20. September: Rückkehr.	41

JAHR	ORT	EREIGNIS	ALTER
1802	Weimar	April: Einzug in das erworbene Haus an der Esplanade (heute: Schiller-Haus).	42
	Wien	16. November: Schiller erhält aus Wien das Diplom vom 7. September über den erblichen Adel.	43
1803	Bad Lauchstädt	Aufenthalt 2. bis 14. Juli, wird von Studenten aus Halle und Jena nach der Aufführung der *Braut von Messina* gefeiert.	43
1804	Berlin	April–Mai: Zahlreiche Besuche. Im Theater jubelnd begrüßt. 13. Mai: Audienz bei Königin Luise, die ihn nach Berlin holen möchte. 17. Mai: Zwanglose Begegnung mit dem Königspaar.	44
	Weimar	21. Mai: Rückkehr. Juni: Gibt Gedanken an Berlin auf.	
1805	Weimar	1. Mai: Erkrankt an akuter Pneumonie. 9. Mai: Tod. 12. Mai traditionsgemäß zwischen 0 und 1 Uhr: Beisetzung im „Landschaftskassengewölbe" (Grablege für Standespersonen ohne Erbbegräbnis).	45
1827	Weimar	16. Dezember: Beisetzung in der Fürstengruft.	

2.2 Zeitgeschichtlicher Hintergrund

ZUSAMMEN-FASSUNG

Die zeitgeschichtlichen Bezüge ergeben sich aus zwei historischen Epochen:

→ Das Stück spielt im Jahr 1568 (dem Todesjahr des historischen Infanten[3] Don Carlos) in Spanien während des *Goldenen Zeitalters* der Regierung Philipps II., der zum Haupt der Gegenreformation wurde und gegen die protestantischen Kräfte in seinem Machtbereich zu Felde zog, besonders gegen die Niederlande und England, und der sich dabei auf die Inquisition stützte.

→ Der zweite Bezug ergibt sich aus der aktuellen Situation der Entstehungszeit des Stücks am Vorabend der Französischen Revolution von 1789; diese Zeit wird bestimmt vom amerikanischen Unabhängigkeitskampf und der Formulierung der Menschenrechte. Die den Hintergrund bildenden Ereignisse sind typisch für die Ablösung des Absolutismus durch den bürgerlichen Staat.

Die Zeit Philipps II. von Spanien

Spaniens „Goldenes Zeitalter"

Kaiser Karl V. hatte wie kein anderer Herrscher seine katholische spanische Macht – man spricht vom *Goldenen Zeitalter* Spaniens – als kaiserliche Macht auch in Deutschland gefestigt. Das stieß auf den Widerstand der protestantischen deutschen Fürsten und löste Unruhen in den Niederlanden aus, die seit 1516 (als der spätere Kaiser Karl V. aus dem Hause Habsburg als König Karl I. von Spanien

3 Infant bzw. Infantin war ein Titel, der seit dem 13. Jahrhundert den Kindern der spanischen und portugiesischen Monarchen verliehen wurde.

den Thron von Kastilien und Aragon bestieg) spanisches Interessengebiet waren. 1555 folgte Philipp II. (1527–1598), der Sohn Karls V., auf den spanischen Thron. Er herrschte mit kriegserfahrenen Heeren unter der Führung bewährter Feldherren (Alba) über Europas mächtigstes Reich, zu dem neben den spanischen die burgundisch-habsburgischen Gebiete, die spanischen Kolonien in Amerika (Neuspanien, Neugranada), italienische Besitzungen (Mailand, Neapel, Sizilien und Sardinien), die Philippinen und auch die Niederlande gehörten. Schillers Philipp beschreibt die Größe seines Reiches mit dem (historisch nicht verbürgten) Satz: „Die Sonne geht in meinem Staat nicht unter." (862) Philipp II. wurde durch die von Geistlichen gelenkte Erziehung unbeugsam, starrsinnig und bigott. Er lehnte Rechte für das einfache Volk ab und entwickelte sich zum **Haupt der europäischen Gegenreformation**. Erfolgreich verteidigte Philipp seine Macht gegen die Türken und schränkte deren Rolle im Mittelmeer ein (1571: Sieg in der Seeschlacht bei Lepanto unter Juan de Austria). Ohne Erfolg blieben jedoch Philipps Versuche, die „Ketzer" der Reformation zu vernichten und die aufständischen Niederlande niederzuwerfen. Die Niederlande waren zu einem wirtschaftlich blühenden, wohlhabenden Gebiet geworden; die Verwaltungsstruktur war neu und bürgerlich.

„Die Sonne geht in meinem Staat nicht unter."

Trotz seiner Macht wurde Philipp II. nicht zum Kaiser des Heiligen Römischen Reiches Deutscher Nation gewählt. Er war viermal verheiratet. Aus der ersten Ehe mit Maria von Portugal stammte der Thronfolger Don Karlos. In **dritter Ehe** war er mit Elisabeth von Valois (1545–1568), der Tochter Heinrichs II. von Frankreich und Katharinas von Medici, vermählt; sie war zuerst Don Karlos als Braut zugedacht. Kurzzeitig minderte die Ehe („Unterpfand zerbrechlicher Verträge / für einen *Frieden* schändlich hingeschlachtet", *Thalia-Fragment* 1785, NA 6, 380) die Spannungen zwischen Spanien und Frankreich. An Philipps Hof bildete sich eine rituali-

Don Karlos und Elisabeth von Valois

sierte Hofetikette (das spanische Hofzeremoniell) aus, die von europäischen Fürstenhöfen nachgeahmt wurde (Tracht, Mode, Symbole, Ablauf).

Allmählicher Niedergang Spaniens

Der **Aufruhr der Protestanten in den Niederlanden** war für Schillers Philipp II. die „Pest / Der Ketzerei" (892 f.), die nur mit einem „Blutgericht (...) ohne Beispiel" (899) zu bekämpfen sei. Im Gespräch mit Posa nennt er diesen, der kein „Fürstendiener" sein will, einen „Protestant(en)" (3066). Schillers Karlos erinnert an diesen Kampf, in dem „die Alba würgen" und „Flandern für den Glauben" (692 f.) blutet. Dabei ging aber die ökonomische Bedeutung Spaniens mehr und mehr an England, Frankreich und die Niederlande über. Einprägsamer Ausdruck für den beginnenden Niedergang Spaniens wurde die Niederlage der *Armada*, Spaniens riesiger, als unbesiegbar geltender Flotte, vor Englands Küste (1588), die Schiller auf 1568 vorverlegte und in den *Don Karlos* einbezog.

Kis. DK

Anachronismen und weitere Abweichungen von der historischen Wirklichkeit

Der um 20 Jahre vorverlegte Untergang der *Armada* war nicht Schillers einzige Veränderung der historischen Wirklichkeit im Stück:

Fiktive Liebe zur Stiefmutter

- Schillers Karlos ist der Gegensatz zum historischen Infanten, der kränklich und geistig behindert war.
- Karlos' Liebe zur Stiefmutter ist nicht verbürgt.
- Alba war im April 1567 in die Niederlande aufgebrochen und konnte 1568 nicht am Hof in Madrid sein.
- Karlos wurde seit Januar 1568 von Philipp II. in Gewahrsam gehalten. Die Gründe lagen im aufbegehrenden Charakter des Prinzen, in seiner verwirrten geistigen Konstitution, aber auch in seinem Eintreten für den niederländischen Unabhängigkeitskampf.

Don Carlos, der Infant von Spanien, gemalt von Alonso Sánchez Coello (1531–1588)

→ Lamoral von Egmont wurde am 5. Juni 1568 in Brüssel hingerichtet, nachdem er bereits 1567 verhaftet worden war. Karlos konnte ihn nicht mehr aufsuchen, wie Posa meint (3487 f.); er starb am 24. Juli 1568 in seiner Haft.

Die Inquisition

Literatur und Historie bei Schiller

Es ging Schiller als Dramatiker nicht um ein stimmiges Geschichtsbild, sondern um **vergleichbare Probleme in verschiedenen Zeiten**, um republikanische Tugenden und den Kampf um ein von Unterdrückung und Repressionen freies Individuum; er sah sich in der „Pflicht (...), in Darstellung der Inquisition, die prostituierte Menschheit zu rächen und ihre Schandflecken fürchterlich an den Pranger zu stellen" (NA 7 II, 15). Er hatte bereits in den *Räubern* (1781) seinen Karl Moor einen „Pfaffen" erwürgen lassen, der „auf offener Kanzel geweint hatte, dass die Inquisition so in Zerfall käme" (NA 3, 70). Das korrespondierte mit Ideen der Aufklärung und der französischen Enzyklopädisten. Die hatten 1765 definiert:

> „Die *Inquisition* ist ein Tribunal, das unter allen Regierungen zu verwerfen ist. In der Monarchie kann es nur Heuchler, Denunzianten und Verräter hervorbringen. (...) Dieses schändliche Tribunal, das erfunden wurde, um die Ketzerei auszurotten, ist gerade das, was alle Protestanten am weitesten von der römischen Kirche entfernt"[4].

Die Inquisition, das Ketzergericht der römisch-katholischen Kirche, vernichtete Andersdenkende oder Menschen, die der Kirche im Wege standen; das betraf nicht nur Lutheraner, sondern auch

---

4 *Artikel aus der von Diderot und d'Alembert herausgegebenen Enzyklopädie*, Auswahl und Einführung von Manfred Naumann. Leipzig: Reclam, 2. Aufl. 1984, RUB Bd. 90, S. 555 f.

Calvinisten und Angehörige der englischen Kirche[5], aber auch Bigamisten, Homosexuelle, Hexen, Roma und Juden. In Spanien war sie seit 1480 eine mächtige Einrichtung, getragen von den Dominikanern, mit einer eigenen Armee (eingeführt 1208 in Frankreich, seit 1494 in Spanien, genannt „Miliz Christi"), einer eigenen Fahne und einem flächendeckenden Spionagesystem. An Macht hatte die Inquisition den Adel überflügelt und stärkte den Absolutismus. Bei öffentlichen Auftritten hatte **der Großinquisitor** den Vortritt vor dem König.[6] – Unter Philipp II. wurde die Inquisition zur obersten juristischen Macht, gegen deren Entscheidungen kein Einspruch möglich war. Der Öffentlichkeit erschien sie „als ein Polizeigericht für Moralfragen" und als eine „Unterdrückerin jedweder Abweichung von inquisitorisch festgesetzten Lebensnormen"[7]. Besonders den Protestanten wurde der Kampf angesagt, selbst enge Berater Philipps wurden angeklagt und kamen in Gefangenschaft um.[8] Die Inquisition wurde nicht nur als „Instrument zur Kontrolle religiöser Abweichung, sondern auch zur Kontrolle von Immigranten"[9] genutzt. – Unter Philipp II. wurden 3990 Verhaftete lebendig, 1845 in effigie („im Bild", bildlich) verbrannt, 18.450 auf die Galeere verbannt. Karlos soll „zweideutige Ausrufungen" getan haben, die „Drohungen gegen das Inquisitionsgericht" enthielten, so heißt es in Schillers *Thalia-Fragment* 1786 (NA 6, 407). Der Infant zog sich deswegen den Hass der Inquisitoren zu. Im *Thalia-Fragment*, eine Vorstufe zum Stück, war die antiklerikale Haltung Karlos' deutlicher

Flächendeckendes Spionagesystem

Kontrolle von Abweichlern und Immigranten

---

5 Vgl. Edwards, S. 122. Die Angehörigen der englischen Kirche wurden seit dem 19. Jahrhundert als „Anglikaner" bezeichnet.

6 Franz Helbing: *Die Tortur. Geschichte der Folter im Kriminalverfahren aller Völker und Zeiten.* Erftstadt: area verlag, 2004, S. 151 ff., 164 ff.

7 Edwards, S. 126.

8 Das trifft z. B. auf den Dominikaner und Berater Philipps II. Bartolomé Carranza (1503–1576), Erzbischof von Toledo, zu, den man wegen angeblicher Nähe zu „englischen ‚häretischen' Ideen" (Edwards, S. 125) anklagte und in der Engelsburg in Rom gefangen hielt.

9 Ebd., S. 152.

als in der endgültigen Fassung: Posa beschreibt ihn als Menschen, der „den gift'gen Schierlingstrank / des Pfaffentums" vom Munde stieß, der „gegen Priesterblitze / und eines Königs schlaue Heiligkeit / (...) die Rechte / der unterdrückten Menschheit geltend machte, / der zu Madrid für Ketzer bat, am Turme / der Santa Kasa für die Duldung stimmte" (NA 6, 363). – Die Inquisition wurde zum Hauptthema des Stückes; das *Thalia-Fragment* eröffnete Pater Domingo, der Beichtvater des Königs, als „gewesener Inquisitor" (NA 6, 346).

Die Inquisition zur Zeit Schillers

Dass es die Inquisition zu Schillers Zeit „nicht mehr gab"[10], wie Rüdiger Safranski in seiner Schiller-Biografie behauptet, stimmt nicht; sie war immer noch gegenwärtig und mächtig: 1759 hatte sie etwa Diderots und d'Alemberts entstehende *Encyclopédie* verboten.[11] Noch 1781 wurden bei Autodafés Menschen auf dem Scheiterhaufen verbrannt; erst die Französische Revolution schränkte die Inquisition ein. Nach 1808 wurde sie von Napoleon durch Dekrete verboten, ohne dass sie damit aber vollständig beseitigt gewesen wäre. Erst 1829 beendete Papst Pius VIII. die Unabhängigkeit der spanischen Inquisition.[12]

---

10 Safranski, S. 230.
11 Vgl. Edwards, S. 165.
12 Ebd., S. 178.

Das zeitgenössische Umfeld der Entstehung des *Don Karlos*

	POLITIK / ZEITEREIGNISSE	KUNST / TECHNIK / WISSENSCHAFT	LITERARISCHE EREIGNISSE
Sturm und Drang (Geniezeit) bis 1785	1774–92: König Louis XVI. in Frankreich. 1772: Erste Teilung Polens. Nordamerik. Unabhängigkeitskrieg (1775–1783), Unabhängigkeitserklärung und Erklärung der Menschenrechte (1776); 1776 Landgraf von Hessen-Kassel verkauft 17.000 Soldaten an England. Österr.: Toleranzpatent 1781 (Freiheit der Religionsausübung), Aufhebung der Leibeigenschaft. 1783: England erkennt die USA an, 1789 Inkrafttreten der USA-Verfassung.	Naturrecht als Gesellschaftsrecht. Braunkohlenförderung. Stiftung der Bergakademie. Anfänge der industr. Revolution mit mechanischer Spinnmaschine, mech. Webstuhl und Dampfmaschine des James Watt 1781: Erste mit Wasserkraft laufende mechan. Baumwollspinnerei. 1784: erste Dampfmasch. in Dt.	Periode datiert nach Herders *Fragmenten* (1767) bis zu Goethes erster ital. Reise 1786. Lavater: *Physiognomische Fragmente* (1775), J. G. Herder (1744–1803), J. M. R. Lenz (1751–1792), F. M. Klinger (1752–1831): *Sturm und Drang*. Shakespeare wird für dt. Theater und. Dramatik entdeckt (Goethe: *Götz von Berlichingen*, 1773). Schiller: *Die Räuber* (1781), *Fiesco* (1783), *Kabale u. Liebe* (1784)

	POLITIK / ZEITEREIGNISSE	KUNST / TECHNIK / WISSENSCHAFT	LITERARISCHE EREIGNISSE
Klassik 1786–1805	Friedrich Wilhelm II. von Preußen (Regierungszeit 1786–1797). Französische Revolution von 1789: 14. 7. Bastillesturm. Deklaration der Menschen- und Bürgerrechte. 1792–1793: Tuileriensturm; Kanonade von Valmy, Abschaffung der Monarchie und Hinrichtung des Königs. 1793–1794: Jakobinerherrschaft. 1793: Mainzer Republik (Georg Forster): erste demokratische Republik in Dt. Koalitionskriege gegen Frankreich. Aufstieg Napoleons: Staatsstreich am 18. Brumaire 1799 (= 9. 11. 1799). Ende des Hlg. Römischen Reiches Dt. Nation bei Jena u. Auerstädt (1806).	Raddampfer in England, Schrauben-Dampfschiff in USA. Chem. Nomenklatur (Lavoisier u. a., 1787). 1779: Gründung des Mannheimer Nationaltheaters. Kant (1724–1804): *Kritik der reinen Vernunft* (1781), Kants kategorischer Imperativ. Philosophie des dt. Idealismus. Mozarts *Figaros Hochzeit* (1786) und *Don Giovanni* (1787).	J. J. Winckelmann (1717–1768): antikes Schönheitsideal der Klassik. Goethe: *Iphigenie auf Tauris* (1787), **Schiller: *Don Karlos* (1787), Schiller: *Geschichte des Abfalls der vereinigten Niederlande* (1788) J. W. v. Goethe: *Egmont* (1788)** W. v. Humboldt (1767–1835): *Ideen über Staatsverfassung* (1791) Herder: *Briefe zur Beförderung der Humanität* (1793–97) 1798–1800: Zeitschrift *Athenäum* von August Wilhelm und Friedrich Schlegel

Amerikanischer Unabhängigkeitskrieg und Französische Revolution von 1789

Niederländischer Befreiungskampf als Wendepunkt

Posa wurde, so wird das Stück **politisch thematisiert,** von einem „unterdrückte(n) Heldenvolk" (154), den Niederländern, ausgesendet, um Hilfe zu holen. Der Befreiungskampf der Niederländer, der unter Philipp II. begann, war ein Wendepunkt in der europäischen Geschichte. Schiller schrieb in seiner *Geschichte des Abfalls der vereinigten Niederlande*, „die Gründung der niederländischen Freiheit" habe das 16. Jahrhundert „zum glänzendsten der Welt gemacht" (NA 17, 10). Zu diesen Niederlanden gehörten damals auch Holland, Luxemburg, das heutige Belgien und Teile des heutigen Frankreichs; es war eines der reichsten Länder Europas und protestantisch geprägt. Für die Wirtschaftskraft der Niederländer sprachen die Seefahrts- und Handelstätigkeit (Antwerpen), die entwickelten bürgerlichen Manufakturen und die moderne Produktion. Die Auflehnung gegen Spanien begann 1566 mit einer Bittschrift der Niederländer an die spanische Herrschaft, die Inquisition und die Verfolgung der Protestanten zu beenden. Die Überbringer nannte man Geusen (franz. gueux = Bettler; niederländ.: geuzen). Daraus entstand 1568 der Kampf der Geusen und der Wassergeusen, wie die Besatzungen der Kaperschiffe genannt wurden.

Der Kampf der Wassergeusen

Die Entstehungszeit des *Karlos* war die konfliktreich bewegte Phase vor der Französischen Revolution von 1789, in ihr vollzog sich mit dem amerikanischen Unabhängigkeitskrieg (1775–1783) ein Kampf unter ähnlichen Vorzeichen. England war seit 1763 in Nordamerika die dominierende Kolonialmacht. Steuern und Handelsbeschränkungen führten 1775 zum Aufstand der Kolonisten gegen England. Nachdem ein Bündnis mit Frankreich die Aufständischen unterstützte, war der Krieg für England nicht mehr zu gewinnen. Es kam 1783 zum Frieden und zur Anerkennung der Unabhängigkeit der ehemaligen Kolonie. Den amerikanischen Unabhängigkeitskrieg hatte Schiller auch in *Kabale und Liebe* erwähnt, zusätzliche Informationen bekam er von Heinrich von Kalb, dem Ehemann Charlotte von Kalbs, der 1783 gerade aus Amerika zurückgekommen war, wo er in französischen Diensten gegen die Engländer gekämpft hatte. Die Vorgänge interessierten Schiller: Im ersten gedruckten Gedicht Schillers *Der Abend* (1776), das poetisch noch unter dem Einfluss Klopstocks steht, dem sich Schiller bald danach entzieht, ist das „Morgenangesicht" auf der anderen Erdseite Zeichen der „glücksel'gre(n) Welten" (NA 1, 3): Schillers Attribut stand als „Glückseligkeit" in der amerikanischen Unabhängigkeitserklärung.[13] Der Dichter und Komponist Christian Daniel Friedrich Schubart (1739–1791), von Bedeutung für Schiller, hatte bereits 1775 „ein politisches Konzept von ‚Glückseligkeit'"[14] im Zusammenhang mit dem amerikanischen Unabhängigkeitskrieg verkündet. Über die Ereignisse im revolutionären Frankreich schrieb die Frau des dänischen Dichters Jens Baggesen Sophie am 19. Oktober 1792 begeistert an Schillers Frau:

„Glückseligkeit"

> Frankreich sei „ein Triumph der Freiheit und der herannahenden Vernunft! Wie müssen die Könige vor ihnen sinken! Man spricht nichts und hört nichts als Frankreich; es ist auch das Edelste, was so allgemein gedacht worden ist. Wie wird der Autor von *Don Carlos* sich freuen."[15]

In den **drei geschichtlichen Ereignissen**, die für die Entstehung des *Don Karlos* wichtig wurden und die sich im Text niederschlugen,

---

13 Die Präambel der Erklärung wird mit dem Satz eröffnet: „Wir halten diese Wahrheiten für ausgemacht, dass alle Menschen gleich erschaffen worden, dass sie von ihrem Schöpfer mit gewissen unveräußerlichen Rechten begabt worden, worunter sind Leben, Freiheit und das Bestreben nach Glückseligkeit."

14 High, S. 94.

15 Wölfel, S. 95, vgl. dort auch Baggesens Verhältnis zum *Don Karlos*.

ist die epochale Veränderung erkennbar, die sich mit dem Übergang vom Absolutismus und Feudalismus zur bürgerlichen Staats- und Gesellschaftsstruktur vollzog; es war nicht weniger als ein historischer Formationswechsel:

Übergang vom Absolutismus zur bürgerlichen Gesellschaftsstruktur

→ In den niederländischen Nordprovinzen entstand 1579 mit der Utrechter Union ein Staat, der einem bürgerlichen Konzept folgte.
→ In den USA entstand 1783 eine bürgerliche Republik.
→ Die Französische Revolution von 1789 führte zur Ablösung der absolutistischen Macht.

2.3 Angaben und Erläuterungen zu wesentlichen Werken

ZUSAMMENFASSUNG

- → Kein Werk Schillers nimmt bei der Drucklegung und der Zusammenstellung der mit ihm in Beziehung stehenden Texte so viel Raum ein wie *Don Karlos*.
- → Das Stück hat Beziehungen zu den wichtigsten dramentheoretischen und ästhetischen Schriften Schillers, war aber auch Anlass für eine heitere Dichtung.
- → Zudem bekam es mit Schillers *Briefen über Don Karlos* von 1788 einen umfangreichen Kommentar des Dichters mit auf den Weg.

„Familiengemälde“

Kein Werk Schillers liegt in so unterschiedlichen Fassungen und in späteren Druck- und Bühnenfassungen vor wie *Don Karlos*, den Schiller als „Familiengemälde aus einem königlichen Hause“ (NA 6, 495) bezeichnete. Das Familienstück war eine aktuelle Form, besonders gepflegt von August Wilhelm Iffland, der – gleichaltrig mit Schiller – seit 1779 in Mannheim als Schauspieler wirkte, in Schillers *Räubern* den Franz Moor beispielhaft spielte und mit Schiller eng zusammenarbeitete. Die früheren bzw. die parallel entstandenen Werke Schillers bedienten sich ebenfalls des Familiengemäldes, aus dem politische Handlungen entwickelt wurden. „Familiengemälde“ war ein Hinweis auf die soziale Grundlage des gesellschaftlichen Konflikts (vgl. S. 37 dieser Erläuterung). Im Vorwort zum „republikanischen Trauerspiel“ *Die Verschwörung des Fiesco zu Genua* (1783) erklärte Schiller den Zusammenhang, dass „der politische Held (...) kein Subjekt für die Bühne“ sei, wenn nicht die „Staatsaktion aus dem menschlichen Herzen“ (NA 4, 9 f.) herausgespon-

Die Verschwörung des Fiesco zu Genua

DAS FAMILIENGEMÄLDE ALS GRUNDLAGE DER POLITISCHEN HANDLUNG

WERK	*Die Räuber*	*Fiesco*	*Kabale und Liebe*	***Don Karlos***
ERSCHIEN	1781	1783	1784	1787
INHALT	Eine adlige Frau zwischen gegensätzlichen Brüdern einer gräflichen Familie	Familien- und Privatleben wird als Maske des Politischen genutzt	Die Bürgerliche Luise zwischen Höflingen, Vater und Sohn	Eine Königin zwischen Vater und Sohn (König und Thronfolger) und als Verbündete eines Freiheitskämpfers (Posa)
HANDLUNG UM	1750	1547	1776	1568
THEMA	sinnvolle Entwicklung menschlicher Fähigkeiten, republikanische Ideen	Ersetzen des Stadtadels durch Bürger, der Garant der Freiheit ist (Bühnenfassung)	Überwindung der feudalen Ständegesellschaft zu einer neuen Ordnung	Überwindung der Inquisition und absolutistischen Macht, Utopie eines neuen Staats
SPIELT	in einer kleinen Grafschaft	in einem Stadtstaat	an einem Fürstenhof	in einem Weltreich

nen werde. In der Handlung agiert Fiesco, Haupt einer politischen Verschwörung, scheinbar als verliebter und liebender Mann. Ein wesentlicher politischer Konflikt entsteht – wie in Lessings *Emilia Galotti* – aus einer Virginia-Variante („Es ist die Geschichte der Virginia, und des Appius Klaudius." NA 4, 176), der Vergewaltigung einer jungfräulichen Frau, wodurch die Familienehre zerstört wird.

„Mangel an solchen Stücken"

Schiller machte beim *Don Karlos* sein Anliegen deutlich, das Werk zu schaffen, weil „man einen Mangel an solchen deutschen Stücken hat" (NA 7 II, 12). Er leitete einen Grundkonflikt – menschliche Gefühle unter sozial-politischen Zwängen – aus einem deutschen Thema (*Räuber*) ab, prüfte ihn zeitlich und historisch unter anderen Verhältnissen (*Fiesco*), stellte die Konflikte zwischen autoritärer Macht und bürgerlich-republikanischer Ordnung nochmals auf eine gehobene soziale Ebene (*Kabale und Liebe, Don Karlos*), um schließlich im *Wallenstein* die Konfliktkonstellationen Macht – Individuum, nationale Freiheit – individuelles Glück in deutsche Verhältnisse im europäischen Umfeld zurückzuführen. Die Konfrontation von Idealität Karlos' und Albas mörderischer Realpolitik findet Parallelen in der Konfrontation von Max Piccolomini und Buttler im *Wallenstein* u. a. Das Verfahren erscheint wie eine dialektische Operation.

Die Schaubühne als eine moralische Anstalt betrachtet

→ *Die Schaubühne als eine moralische Anstalt betrachtet*: Die umgearbeitete Antrittsrede in der Kurfürstlichen Deutschen Gesellschaft in Mannheim (zu deren Mitglied Schiller am 8. Januar 1784 gewählt worden war), gehalten am 26. Juni 1784, erschien in der *Rheinischen Thalia*, gemeinsam mit dem 1. Akt des *Don Karlos*. Schiller stützte sich auf Lessings *Hamburgische Dramaturgie* und einen Essay von Jean Louis Sébastien de Mercier – eine wichtige Quelle für *Don Karlos* –, den Heinrich Leopold Wagner unter dem Titel *Neuer Versuch über die Schauspielkunst* übersetzt hatte. Schiller entwickelte in seiner Rede den Gedanken, dass politische und moralische Macht ebenbürtig seien; das Recht des Theaters beginne dort, wo das Gesetz ende. Die Kunst stehe, vergleichbar mit der Religion, über den veränderbaren staatlichen Gesetzen und sei eine Macht, die nicht nur Pflichten bestimme, sondern die freies Handeln als ihr Ziel sehe. Unter diesen Prinzipien sind Figuren wie Karlos und Posa zu sehen. Schiller **vertraute der pädagogisch-ethischen Wirkung der Kunst**, die in die Herzen der Fürsten gedrungen sei und dort Menschlichkeit und Duldung (Toleranz) verbreite. Er ging bereits von einer vollzogenen Fürstenerziehung aus und setzte diesen Gedanken in den *Briefen über Don Karlos* fort.

Dichten und Wäschewaschen

→ *Untertänigstes Pro Memoria an die Consistorialrat Körnerische weibliche Waschdeputation in Loschwitz eingereicht von einem niedergeschlagenen Trauerspieldichter*: Schiller beschreibt im Oktober 1785 in heiteren, teils sarkastischen Versen die Arbeit an den Eboli-Szenen im *Karlos*, während die Hausangestellten dem Wäschewaschen nachgehen: „Die Wäsche klatscht vor meiner Tür, / es scharrt die Küchenzofe – / und mich – mich ruft das Flügeltier / Nach König Philipps Hofe." (NA 1, 159) Das Gedicht endet: „Der Teufel soll die Dichterei / beim Hemdenwaschen holen."

Die unüberwindliche Flotte

→ *Die unüberwindliche Flotte*: Das Gedicht nach einem Prosawerk Merciers erschien im 2. Heft der Thalia, Leipzig, 1786; es stand neben einem Aufsatz *Philipp der Zweite. König von Spanien* von Mercier (übersetzt von Schiller) und *Don Karlos* (2. Akt, 1.–3. Szene). In ihm bedroht die Armada die „glücksel'ge Insel" (NA 1, 173) England und sein „freigeborne(s) Volk". Aber Gott schützte der „Freiheit Paradies" samt „Menschenwürde" und zerstörte die Armada. Bis in Formulierungen weist das Gedicht auf *Don Karlos* hin (vgl. S. 61 dieser Erläuterung).

Briefe über Don Karlos

→ Zwölf *Briefe über Don Karlos*: Zur Buchausgabe des *Don Karlos* hatte es Rezensionen und auch mündliche Äußerungen gegeben, auf die Schiller 1788 mit diesen Briefen antwortete, sie erschienen im 3. und 4. Vierteljahresheft von Wielands *Teutschem Merkur.* Er verteidigt die diskussionswürdige Einheit des Dramas. Die Dialektik in Posas Denken wurde in diesen Briefen ausgebaut. War Schiller zu Beginn Karlos näher, so wurde er nun Posa ähnlicher. Das mündete in die Überlegung eines neuen Planes mit Posa als dem einzigen Helden. Er rechtfertigte die Verschiebung des Interesses von Karlos zu Verhalten und Handlungen Posas, dem in den Briefen das größte Interesse gilt. Der Kritik, Posa gehöre nicht in das gewählte Zeitalter, begegnet Schiller mit dem nachdrücklichen Hinweis auf die Aktualität dieses Charakters, denn es sei „von Menschenrechten und Gewissensfreiheit“ die Rede (NA 22, 141).[16] Als Handlungszentrum des Dramas erschien „ein enthusiastischer Entwurf“ der beiden Freunde, *„den glücklichsten Zustand hervorzubringen, der der menschlichen Gesellschaft erreichbar ist“*, dabei den Fürsten nicht erst zu erziehen, sondern ihn bereit zu finden, „das höchste mögliche Ideal bürgerlicher Glückseligkeit für sein Zeitalter wirklich“ (8. Brief, NA 22, 164; kursive Hervorhebung im Original gesperrt) zu machen.

Über ‚Egmont'

→ *Über ‚Egmont‘, Trauerspiel von Goethe*: Goethes *Egmont* (am 5. September 1787 in Italien vollendet, 1788 im 5. Band von *Goethes Schriften* veröffentlicht) handelt von der Gefangennahme und Hinrichtung des niederländischen Grafen Egmont durch den spanischen Herzog Alba (1568). 1788 schrieb Schiller dazu eine Rezension, in der er als ursprüngliche Konzeption den Freiheitsdrang der Niederländer und die Glaubensverfolgung gegen sie herausstellte. Goethe habe mit seinem Genie „den Geist jener Zeit und jenen politischen Zustand der Niederlande“ (NA 22, 205) hervorgebracht, indem das alltägliche Leben der Niederländer gestaltet wurde. Schiller beschrieb im *Don Karlos* den politischen und geistigen Überbau dieses Alltags. Ein grundsätzlicher Unterschied zwischen beiden Dichtern wird deutlich.

Abfall der vereinigten Niederlande

→ *Geschichte des Abfalls der vereinigten Niederlande von der spanischen Regierung*: Die 1788 erschienene Schrift begründete Schillers Ruhm als historischer Schriftsteller. Er hatte sich dem

16 Ein Jahr später gab es in Frankreich die *Deklaration der Rechte des Menschen und des Bürgers* (26. 8. 1789) mit der zentralen Losung der Revolution „Liberté, égalite, fraternité“. Die Nationalgarden trugen seit 1791 den Spruch auf der Brust, seit 1793 stand er an den Häusern in Paris. – 1787 hatte die Verfassung der jungen Vereinigten Staaten von Amerika ähnliche Prinzipien verkündet.

Material bereits während der Arbeit am *Don Karlos* gewidmet, denn die Interessen für historische Wahrheit und psychologische Genauigkeit waren bei Schiller vorhanden und bedingten einander. In seiner *Einleitung* betonte er sein Interesse am niederländischen Kampf, weil „die bedrängte Menschheit um ihre edelsten Rechte" gerungen und dabei „über die furchtbaren Künste der Tyrannei" gesiegt habe.

Des Grafen Lamoral von Egmont Leben und Tod

→ *Des Grafen Lamoral von Egmont Leben und Tod*, veröffentlicht 1789 im 8. Heft der *Thalia*: Der Aufsatz ergänzte als Beilage Schillers *Abfall der vereinigten Niederlande*. Er beschrieb die Anklage gegen Egmont, der die 82 Anklagepunkte widerlegen konnte, aber trotzdem hingerichtet wurde. Egmont als Ritter des Goldenen Vlieses zu schützen, wie es die Ordensregeln vorsahen, lehnte Alba ab.

Die Malteser

→ *Die Malteser*, Dramenfragment: Der Plan, die Belagerung Maltas 1565 zu dramatisieren, entstand 1788 ff. im Zusammenhang mit *Don Karlos* und stammte aus den gleichen Quellen. Im 3. *Brief über Don Karlos* sprach Schiller von einem zukünftigen Stück, in dem er leidenschaftliche Freundschaft thematisieren wolle, denn das sei nicht das Ziel im *Don Karlos* gewesen (NA 22, 142). – In einer frühen Personenliste der *Malteser* findet sich ein „von Posa" (NA 12, 17). Posa, der in den *Thalia-Fragmenten* „Kammerjunker des Prinzen" (NA 6, 346) war, ist seit der Buchfassung des *Don Karlos* von 1787 Malteserritter.

3. TEXTANALYSE UND -INTERPRETATION

3.1 Entstehung und Quellen

ZUSAMMEN-
FASSUNG

→ Das Stück nutzt die protestantische Rezeption, die kritische Sicht auf Philipp II. Es entstand von 1782 bis 1787 und erlebte in dieser Zeit mehrere Wandlungen. Schiller bestätigte später **Brüche** wie die zwischen den ersten zwei Akten, die von Karlos bestimmt werden, und den drei abschließenden Akten, die im Zeichen Posas stehen (vgl. *Briefe über Don Karlos*).
→ Die Textgestaltung beschäftigte Schiller bis zum Tod.
→ Die zahlreichen Quellen sind bekannt; Schiller nutzte historische Arbeiten, nahm sich aber auch andere Dramen (Shakespeare, Lessing, Leisewitz) und Opern (Mozart) zum Vorbild. Das Werk enthielt auch Ideen aus Geheimbünden wie Illuminaten und Freimaurer.

Komplizierter Schaffensprozess

Veränderte Orientierungen Schillers

Die Entstehungsgeschichte ist eine der kompliziertesten und materialreichsten der deutschen Literatur; sie dokumentiert die geistige Entwicklung Schillers, seine Widersprüche und veränderten Orientierungen, die sehr unterschiedlichen Konzeptionen, die zusammengeführt wurden. Von der Empfehlung des Stoffes an Schiller bis zur Buchausgabe dauerte es fünf Jahre, die Arbeit vollzog sich parallel zum Abschluss des *Fiesco* (1783) und der Vollendung von *Louise Millerin (Kabale und Liebe)* 1784. Schiller orientierte sich an dem kritischen Bild Philipps II., das in den protestantischen Ländern seit dem Kampf des katholischen spanischen Königs gegen Frankreich, die Niederlande und England dominant war: Dort galt der spanische König als Tyrann und verbrecherischer Herrscher, der durch die Inquisition alles Nichtkatholische vernichten wollte. Bevorzugt wurde in protestantischen Kreisen das Schicksal des aufbegehrenden Thronfolgers Don Karlos, mit dem sich oft der Tod Elisabeths von Valois und andere Themen wie Juan de Austria, der auch in Schillers *Bauerbacher Entwurf* auftaucht, verbanden. Ein Höhepunkt dabei war Abbé de Saint-Réals historische Novelle *Don Carlos* (1672); der Autor war durch Empfehlungen Voltaires damals „stärker in das Blickfeld gerückt worden" (NA 7 II, 71).

Abbé de Saint-Réals *Don Carlos* (1672)

→ **Ende Mai 1782**: Schiller bekommt wahrscheinlich vom Mannheimer Theaterintendanten Wolfgang Heribert von Dalberg den *Karlos*-Stoff in der Form dieser historischen Novelle empfohlen. Schiller nannte kurz nach seinem Stuttgarter Arrest (28. Juni–11. Juli 1782) den *Don Karlos* eines seiner nächsten Werke. Er wollte ein „solches deutsches Stück" schaffen, an denen Mangel sei, und das „große Staatspersonen" behandele, dafür eigneten sich die Gestalten, unter ihnen die „eines grausamen heuchlerischen Inquisitors" (Brief an Reinwald vom 27. März 1783; NA 7 II, 12). Wenn Schiller den *Karlos* als „Familiengemälde" (Brief an Dalberg vom 7. Juni 1784; NA 7 II, 16) bezeichnete, verstand er das Stück als „hohe Tragödie" (Brief Schillers an Dalberg vom 24. August 1784; NA 7 II, 18) und als ein politisches Drama, in dem die Abrechnung mit der Inquisition eine wichtige Rolle spielen sollte. Auch die erfolgreichen früheren Stücke Schillers *Die Räuber* (1781) und *Kabale und Liebe* (1784) waren „Familiengemälde", auf die gesellschaftliche, soziale und politische Verhältnisse kritisch aufprojiziert wurden, wodurch diese Werke dauerhafte Bedeutung bekamen. Die Familie wurde in diesen Stücken Schillers zur elementaren Einheit des sozialen Lebens.

„Familiengemälde"

Dk

→ **Dezember 1782:** Schiller erbat sich von dem Meininger Bibliothekar Wilhelm Friedrich Hermann Reinwald (er wurde 1786 sein Schwager) die Werke des Abbé de St. Réal: „*Oeuvres de Mons.* L'Abbé St.-Réal. (Denjenigen Teil wo die Geschichte des Don Carlos von Spanien vorkommt.)" (NA 7 II, 12) Es handelte sich um St. Réals *Histoire de Dom Carlos, Fils de Philippe II., Roy d'Espagne* (1672), in der Varianten des Philipp-Karlos-Elisabeth-Stoffes vereinigt und auf den liebenden Prinzen Karlos hin ausgerichtet waren (dazu unten mehr).

„Entschlossen und fest auf einen *Dom Karlos*"

→ **27. März 1783:** Schiller teilt Reinwald mit, dass er „nunmehr entschlossen und fest auf einen *Dom Karlos*" (NA 7 II, 12) zuarbeite.

Bauerbacher Entwurf

→ **Mai/April 1783:** *Bauerbacher Entwurf (Plan): Dom Karlos. Prinz von Spanien. Trauerspiel.* Die Liebe Karlos' zu seiner Stiefmutter und einstigen Verlobten verstrickt sie in einen tragischen Konflikt. Karlos zeigt „Heldensinn" und begehrt gegen gesellschaftliche Zwänge auf, ist in eine „Rebellion" (NA 7 II, 184) verwickelt, aber der Kampf der Niederländer bleibt ungenannt. Der Entwurf weist ein aristotelisches Drama aus (fünf Akte, Höhepunkt im 3. Akt, Katastrophe im 5. Akt). Die von Posa ausgelösten Planungen („verwirret den Knoten aufs neue", NA 7 II, 184) sind im Ansatz vorhanden. Am Ende stirbt Karlos, der König schickt „Rache über die Urheber": Die Eboli und Granden gehören zu den Urhebern, auch der später ausgeschiedene Dom Juan (vgl. S. 19, 123 dieser Erläuterung), die Inquisition wird nicht genannt. Die strenge fünfaktige Anlage und die Konzentration auf den Liebeskonflikt nahm wahrscheinlich Rücksicht auf Dalberg und dessen Kreis und sollte für Schiller werben (NA 7 II, 77 f.).

Charaktere aus „der allerhöchsten Sphäre"

→ **Frühsommer 1784:** Schiller widmet sich dem Stoff intensiv und will die Charaktere – es dominieren Karlos, Philipp, Elisabeth und Alba – aus „der allerhöchsten Sphäre“ nicht nur als „blutdürstige Henker“ zeichnen, sondern „mit derselben Larve, die sie im Leben, und besonders an Philipps Hofe trugen“ Streicher; NA 7 II, 17), darstellen. Er bezeichnete sein Stück als „ein politisches Stück“, aber auch als „ein Familiengemälde in einem fürstlichen Hause“ (Brief an Dalberg vom 7. Juni 1784, NA 7 II, 16). Der Begriff bezieht sich auf Diderots „tragédie domestique“, die als „häusliche Tragödie“ auf „die gesellschaftliche Stellung, den Lebensstand der Figuren gerichtet ist, und die dadurch entstehenden Konflikte in einem ‚tableau‘, einem Gemälde, vorführt“ (NA 7 II, 79). Der **Begriff „Familiengemälde“** war seinerzeit als Dramentyp verbreitet und hatte besonders in Mannheim viel Zuspruch. Lessing hatte Diderots *Abhandlung über die dramatische Dichtkunst* 1759 übersetzt, Schiller kannte das Werk jedoch auch im Original und bezog daraus den von ihm häufig gebrauchten Begriff „Situation“, „um die ihn beschäftigende Thematik zu kennzeichnen“ (NA 7 II, 79). Auswirkungen auf den Stoff hatte auch Charlotte von Kalb; sie wirkte „während der Ausarbeitung des *Don Karlos* sehr belebend“[17] auf Schiller, gab der Königin ihre Züge und ähnelt der Eboli. Schiller hatte Charlotte von Kalb im Mai 1784 in Mannheim kennengelernt; ihre Wege kreuzten sich mehrfach an unterschiedlichen Orten. 1786 lebte sie auf ihrem Gut Kalbsrieth bei Allstedt im Thüringischen – einer Enklave des Fürstentums Sachsen-Weimar-Eisenach –, im Juni 1787 zog sie nach Weimar, in die Residenz. Am 21. Juli 1787 kam Schiller dort an; er wurde von Charlotte von Kalb bei Hofe eingeführt. Ihre Begegnungen decken sich mit der Entstehungszeit des *Don Karlos*.

---

17 Wolzogen, S. 205 (1. Teil).

Entscheidung für fünffüßige jambische Verse

→ **Juni 1784:** Schiller schwankte zwischen einer Blankvers- und einer Prosafassung. Wielands Empfehlung, aber auch Dalbergs Rat folgend, entschied er sich für fünffüßige jambische Verse, die seine leidenschaftliche und exaltierte Redeweise bändigten, behielt aber eine Prosafassung parallel bei. Am Ende gab es sowohl für die Domingo- als auch für die Perez-Fassung Vers- und Prosafassungen.

Lesung vor Herzog Karl August

→ **26. Dezember 1784:** Schiller las vor dem Darmstädter Hof und dem Herzog Karl August von Sachsen-Weimar-Eisenach den 1. Akt des *Dom Karlos* vor. „‚Das ist ja vorzüglich', sagt der Herzog. ‚Wirklich?', antwortet Schiller. ‚Dann haben Ew. Hoheit doch die Gnade, mir den Titel eines Rats zu verleihen!' – ‚Aber mit dem größten Vergnügen!', lacht Karl August, und das Reskript ist rasch ausgefertigt."[18]

Publikation des 1. Aktes 1785

→ **März 1785:** Der 1. Akt erscheint in der *Rheinischen Thalia*, 1. Heft.[19] Schiller widmet die Veröffentlichung dem Herzog Karl August von Sachsen-Weimar-Eisenach. In einer Vorrede *Dom Karlos. Infant von Spanien* geht er auf die Umwandlung in Verse ein: „Ein vollkommenes Drama soll, wie uns Wieland sagt, in Versen geschrieben sein, oder es ist kein vollkommenes, und kann für die Ehre der Nation gegen das Ausland nicht konkurrieren." (NA 6, 345) Während das klassizistische französische Drama den Alexandriner verwendete, der auch in Deutschland aktuell war, wählte Schiller „reimfreie Jamben" (Blankverse) – das hatte Wieland unter Verweis auf Lessings *Nathan den Weisen* als Mindestanforderung empfohlen[20] – und

---

18 Mann, S. 728.

19 *Rheinische Thalia*, hrsg. von Schiller. Erstes Heft. Lenzmonat 1785 (Mitte März), Mannheim (einziges Heft, später als 1. Heft der *Thalia* gezählt); *Thalia*, hrsg. von Schiller. Zweites Heft. Leipzig, bei G. J. Göschen, 1786 (Februar) usw.

20 Vgl. Midell, S. 148.

verzichtete auf den empfohlenen Reim. Den erklärte Schiller zu diesem Zeitpunkt noch „für einen unnatürlichen Luxus des französischen Trauerspiels" (NA 6, 345). Später, z. B. im *Wallenstein*, verband Schiller stellenweise Jamben und Reim, um Vollendung zu suggerieren.[21]

→ **1786 bis 1787:** Drei Hefte der *Thalia* (Februar 1786: 2. Akt, 1.–3. Auftritt; Philipp der Zweite von Mercier; April 1786: 2. Akt, 4.–16. Auftritt, und *Philosophische Briefe*; Januar 1787: 3. Akt, 1.–10. Auftritt, in der Endfassung der 7. Auftritt) veröffentlichen die Szenen vor der Begegnung zwischen Philipp und Posa (Endfassung 3. Akt, 10. Auftritt). Schiller bereute später, die Szenen bekannt gemacht zu haben, denn er habe „während dieser Arbeit beträchtliche Fortschritte gemacht, seine Forderungen waren strenger geworden, und der anfängliche Plan befriedigte ihn ebensowenig, als die Manier der Ausführung in den ersten gedruckten Szenen"[22].

Vorabveröffentlichung einzelner Szenen

→ **1785 bis 1787:** Entscheidende Schaffensphase in Leipzig und Dresden: Die komplizierte Entstehung fand ihren Abschluss. Das Stück bekam die politische Utopie, die über das bisherige Thema hinausging und die Handlung von Philipp und Karlos auf Posa verlagerte. Beeinflusst wurde dieser Vorgang, der auf der Freundschaft zwischen Posa und Karlos basiert, durch die uneigennützige **Freundschaft Körners zu Schiller**, die eine unbelastete Arbeit an dem Stück möglich machte. Die **Ideen Rousseaus** über das Naturrecht, die bisher bestimmend waren, verbanden sich mit **Montesquieus Staatslehre**, die Posa in seinem Staatsideal der Zukunft umsetzt und die Schiller bereits

Entscheidende Schaffensphase

---

21 Vgl. Rüdiger Bernhardt: *Friedrich Schiller. Wallenstein*. Hollfeld: C. Bange Verlag, [2]2006 (Königs Erläuterungen und Materialien, Bd. 440), S. 115 ff.

22 Körner. In: Wolzogen, S. 217 f. (1. Teil).

auf der Militärakademie kennengelernt hatte. Der Gegensatz waren die Prinzipien der Inquisition: „Vor dem Glauben / Gilt keine Stimme der Natur." (Großinquisitor, 5274 f.)

Antifeudaler Protest bezieht sich nun auf niederländischen Freiheitskampf

→ **Spätsommer 1786**: War das Stück bisher antifeudal und kompromisslos antiklerikal schon in den ersten Worten („Der Erzspion [der Mönch Domingo, R. B.] verfolgt mich überall", NA 6, 347), so wurde nun der antifeudale Protest zum historisch exakten niederländischen Freiheitskampf, der für die dramatische Handlung den Hintergrund bildete. – Gegen Ende der Arbeit bezahlte wiederum Körner mehrere Schreiber, damit das Stück versendet werden konnte.[23] Für die Sommermonate 1786 kann die Entstehung der Audienzszene (3. Akt, 10. Auftritt) angenommen werden. Sie hatte in der ersten Buchfassung 543 Verse, in der Endfassung 380 (NA 7 II, 327).

→ **Ende Juni 1787:** Erste Buchausgabe, längste Fassung: 6282 Verse.

→ **29. August 1787: Uraufführung in Hamburg**. Vom Honorar bestritt der Dichter seine Reise nach Weimar, wohin er im Juli 1787 aufgebrochen war.

Schillers Vorbilder

Zahlreiche Vorbilder

Schillers Vorbilder waren zahlreich. Shakespeare war allgegenwärtig und wegen seines Könnens bedrückend; Schiller „schwindelte", wenn er „am Enceladus Shakespeare" (NA 7 II, 20; Enceladus = der Tobende, ein Gigant aus der griechischen Mythologie) hinaufsah. Gotthold Ephraim Lessings *Emilia Galotti* (1772) und Johann Anton Leisewitz' *Julius von Tarent* (1776), den er auf der Karlsschule besonders liebte, waren zeitgenössische Vorbilder. In Leisewitz' Drama, es ging in seiner formalen Gestalt auf Lessings

---

23 NA 7 II, 31: Körner an Schiller am 2. Mai 1787; Damm, S. 60.

Emilia Galotti und Shakespeares *Hamlet* zurück, wird eine Familientragödie durch den Einbruch bürgerlicher Ideen ausgelöst.

Einige Entsprechungen und Beziehungen zu den literarischen Vorbildern

Shakespeares *Hamlet*	***Don Karlos***
Geist des Vaters	Karlos als Gespenst des Großvaters Karl V.
	Karlos hat „von Shakespeares Hamlet die Seele" (NA 7 II, 15)
Lessings *Emilia Galotti*	
Verschwörung des Prinzen	Verschwörungen verschiedener Art
Tugendhaftigkeit Emilias	Tugendhaftigkeit der Königin
Verbrechen bei Hofe	Verbrechen bei Hofe
Lessing „unendlich besser als Leisewitz beobachtet" (NA 7 II, 15)	
Lessing „war der Aufseher seiner Helden" (ebd.)	
Leisewitz' *Julius von Tarent*	
Julius' Denken wird von Rousseau bestimmt	Posas Denken wird von Rousseau bestimmt
Julius liebt dämonisch-leidenschaftlich	Karlos liebt verzweifelt-leidenschaftlich
Julius lehnt Knechtschaft des Menschen ab	Posa, Karlos und die Königin lehnen Knechtschaft ab
Personenkonstellation: zwei Brüder um eine Frau	Vater und Sohn um eine Frau
„rührte mich" mehr als Lessings *Emilia Galotti*	
„Leisewitz war ihr (der Helden, R.B.) Freund" (ebd.)	
Karlos hat „Blut und Nerven" von Leisewitz' Julius (NA 7 II, 15)	

Figaros Hochzeit

Es war auch die Zeit von **Mozarts** *Figaros Hochzeit*, 1786 in Wien uraufgeführt. Es gibt zwischen Mozarts Oper und Schillers *Don Karlos* Parallelen. Beide Stücke spielen in fürstlichen Residenzen, in denen sommerliche Freuden zu Ende gehen; an ihre Stelle treten politische Konflikte im feudal-absolutistischen Alltag. Die beiden Werke reagierten auf bürgerliche **Geheimbünde wie Illuminaten und Freimaurer**, die im Geiste der Aufklärung für Toleranz und Menschenrechte eintraten und denen man wesentlichen Anteil an der Französischen Revolution nachsagte. Der 1776 in Ingolstadt gegründete Geheimbund der Illuminaten wurde bereits 1784/85 vom bayerischen Staat aufgelöst. Dem Orden gehörte auch Schillers Mannheimer Intendant von Dalberg an, der Schiller mit den Zielen des Ordens vertraut gemacht haben dürfte, denn der Dichter beschäftigte sich 1783 mit den Freimaurern; er hatte erfahren, dass er auf mehreren Freimaurerlisten stünde, und beschloss, sich nach deren Forderungen zu bilden und seine Kenntnisse in entsprechenden Fächern zu erweitern. Aber Schiller schlug es aus, Freimaurer zu werden. Im 10. *Brief über Don Karlos* fand er deutliche Worte:

Illuminaten und Freimaurer

> „Ich bin weder Illuminat noch Maurer, aber wenn beide Verbrüderungen einen moralischen Zweck miteinander gemein haben und wenn dieser Zweck für die menschliche Gesellschaft der wichtigste ist, so muss er mit demjenigen, den Marquis Posa sich vorsetzte, wenigstens sehr nahe verwandt sein." (NA 22, 168)

Mehr als auf Geheimgesellschaften setzte Schiller auf den aufgeklärten Herrscher. Was bisher von den Wissenschaften erörtert worden sei – Menschenrechte, Menschenglück und Wahrhaftigkeit in der Politik, „Enthusiasmus für Wahrheit, Freiheit und Tugend" (NA 22, 143) –, habe er durch Posa „in das Gebiet der schönen Künste herüberziehen, mit Licht und Wärme (...) beseelen und, als lebendig wirkende Motive in das Menschenherz" (NA 22, 168) pflanzen wollen. Der Malteserritter Posa vertrat mit den Forderungen nach Toleranz, Menschenwürde und Gleichheit die Ansichten der Illuminaten, die durch die sittliche Erziehung des Menschen im Sinne der Aufklärung die gesellschaftlichen Widersprüche beheben wollten, und nahm die der Französischen Revolution von 1789 vorweg.

Histoire de Dom Carlos

Schillers **wichtigste Quelle** war César Vichard Abbé de Saint-Réals *Histoire de Dom Carlos, Fils de Philippe II.* (Amsterdam 1672). Er las und empfahl seinen Lesern die anonym 1784 in Eisenach erschienene Übersetzung *Geschichte des spanischen Prinzen Don Carlos. Aus den Werken des Abbts Saint Real gezogen* zur Lektüre: „Der Leser wird sich selbst und dem Dichter nützen" (NA 6, 346). Von der Liebe zwischen Karlos und Elisabeth wird in dieser Quelle erzählt, gesicherte Belege gibt es dafür aber nicht. Schiller nahm die Liebe indessen historisch: „Die Geschichte des unglücklichen Dom Karlos und seiner Stiefmutter, der Königin, ist von den interessantesten, die ich kenne" (NA 6, 344). In der Ausgabe von 1784 verwies der Übersetzer auch ausdrücklich auf Robert Watson, aus dessen *Geschichte der Regierung Philipps des Zweiten* (1778) Schiller besonders die sachlich korrekten historischen Fakten bezog. Watsons Geschichtswerk kam mit seiner kritischen Sicht aus protestantischer Grundhaltung Schillers Position entgegen: „Ich lese jetzt stark im Watson, und meinem Philipp und Alba drohen wichtige Reformen." (Brief an Huber vom 5. Oktober 1785; NA 7 II, 20)

Merciers *Portrait de Philippe II.*

Schiller hatte schließlich Jean Louis-Sébastien de Merciers aufklärerische Szenenfolge *Portrait de Philippe II., Roi d'Espagne* (Amsterdam 1785) gelesen. Seine erste Arbeit als Historiker war die freie Übersetzung des Vorworts (*Précis historique*) und die auszugsweise Veröffentlichung im 2. *Thalia*-Heft 1786, in dem sich Mercier mit dem Problem des politischen Dramas beschäftigte. Mercier hatte sein politisches Drama als Gegenstück zur klassizistischen französischen Tragödie verstanden.[24] Im gleichen Heft wurden auch Szenen aus Schillers *Don Karlos* veröffentlicht (*Thalia-Fragmente*, 2. Akt, 1.–3. Szene). Merciers Stück war eine Folge lose miteinander verbundener, im Übrigen unabhängiger Szenen. Philipp war in ihnen einer der schlimmsten Feinde der Menschheit. 1787 begegneten sich Schiller und Mercier in Mannheim. Auf Merciers Wunsch hin wurden Schillers *Räuber* gespielt, die Mercier bald darauf in Paris begeistert besprach. „Mercier war einer der frühesten und engagiertesten Vermittler Schillers in Frankreich. Von ihm stammt auch die erste Übersetzung der *Jungfrau von Orleans* (1802)."[25]

Vorbilder für Figuren

Auch persönliche Erfahrungen[26] schlugen sich nieder: Die bereits erwähnte **Freundschaft zwischen Körner und Schiller**, die in der Entstehungszeit des *Don Karlos* ihren Höhepunkt erreichte, spiegelte sich in der Freundschaft zwischen Posa und Karlos. Posas Bekenntnis , kein „Fürstendiener" sein zu wollen (3022), war Schillers Wunsch und Ziel, ließ sich aber nicht verwirklichen: Posa musste sterben und Schiller während seiner Dichterlaufbahn die Fürsten in vielfältiger Weise um Hilfe bitten – von Titeln (Rat) über Gehälter bis zum erblichen Adel –, um als Dichter überleben und eine Familie gründen zu können. Parallel zum *Don Karlos* entstand und erschien Schillers *An die Freude* (1786): Der Vers „Rettung von Tyrannenketten" der Urfassung verschwand neben anderen elf Versen am Ende des Liedes 1803 in der Ausgabe *Gedichte*. Die Gestalt Philipps II., der Herrscher, der neben Fehlern auch menschliche

---

24 Vgl. dazu Midell, S. 133.

25 Dieter Borchmeyer: *Es stinkt. Louis-Sébastien Mercier schnüffelt sich durch den Bauch von Paris*. In: DIE ZEIT vom 23. März 2000, Nr. 13, S. 20.

26 Wenn festgestellt wird, dass Schiller „persönliche Erfahrungen (...) in seiner Dichtung nie thematisiert" habe, ist das eine sehr vereinfachte Sicht, die sich im Titel der Biografie niederschlägt. Vgl. Marie Haller-Nevermann: *Friedrich Schiller. Ich kann nicht Fürstendiener sein*. Berlin: Aufbau-Verlag, 2004, S. 55.

Züge hatte, dürfte Ähnlichkeiten mit dem Herzog Karl Eugen von Württemberg haben. Auf die Ähnlichkeit der Königin Elisabeth mit Charlotte von Kalb hat bereits Schillers Schwägerin hingewiesen, sich auf den Dichter selbst berufend.[27]

Schillers ambivalentes Verhältnis zum Stück

Das Verhältnis des Dichters zu seinem Stück war kompliziert; es war nicht das „zärtlich geliebte Kind seiner Muse"[28]. Anfangs war er begeistert: „Ich trage ihn [den *Don Karlos*, R. B.] auf meinem Busen – ich schwärme mit ihm durch die Gegend um – um Bauerbach herum." (14. April 1783, NA 7 II, 15) Am 10. Februar 1785 war es ihm immer noch das „Lieblingskinde meines Geists" (an Körner, NA 7 II, 19). Schon 1787 hielt er jedoch das Stück für überladen und musste „viele glückliche Ideen, manche Forderungen meines besseren Gefühls (...) abweisen" (an Körner, 22. April 1787; NA 7 II, 30). Schließlich nannte er es Körner gegenüber am 4. September 1794 ein „Machwerk", das ihn „anekelte" (NA 7 II, 50). Ihn störte, dass er „im Posa und Carlos die fehlende Wahrheit durch schöne Idealität zu ersetzen gesucht" (am 21. März 1796 an Wilhelm von Humboldt, NA 7 II, 55) habe, im *Wallenstein* wollte er dagegen „die bloße Wahrheit" geben. 1787 zwang ihn seine Berufung nach Jena zu historischen Studien, bei denen ihm die Materialkenntnis zum *Don Karlos* dienlich war. Die Kant-Studien schlossen sich an. Erst 1798 trat der Dramatiker Schiller mit *Wallensteins Lager* wieder an die Öffentlichkeit.

27 Wolzogen, S. 205 (1. Teil).
28 Burschell, S. 57.

3.2 Inhaltsangabe

ZUSAMMEN-FASSUNG

Der spanische Thronfolger Karlos liebt seine Stiefmutter Elisabeth, die einst seine Braut war, aber aus staatspolitischen Gründen einen ungeliebten Mann, Karlos' Vater Philipp, heiraten musste. Sein Freund Posa, dem er diese Liebe gesteht, möchte ihn für den Unabhängigkeitskampf der Niederländer gewinnen. König Philipp lehnt Karlos' Wunsch ab, das Truppenkommando in Flandern zu übernehmen. Der Infant wird durch einen Brief zu einem Rendezvous mit Prinzessin Eboli bestellt, glaubt aber, es sei die Königin. Intrigen und die Liebe zur Stiefmutter verwickeln Karlos in ein gefährliches Spiel, das von Domingo, Alba und der Eboli betrieben wird. Posa bemüht sich weiterhin, Karlos in die Hilfe für Flandern einzubinden. Er wird nach einer Audienz und einem Weltanschauungsgespräch (3. Akt, 10. Auftritt) vom König, der inzwischen an seinen bisherigen Ratgebern Alba und Domingo zweifelt, in seinen Dienst berufen, da er „gerecht" (3346) sein werde. Seine Maßnahmen verwirren jedoch die Betroffenen, besonders Karlos. Um Karlos die Flucht zu ermöglichen, opfert sich Posa, indem er sich des Verrats und der Liebe zur Königin bezichtigt, und wird erschossen. Philipp erkennt, dass sie alle Marionetten der Inquisition sind und übergibt Karlos an diese.

1. Akt

Karlos gesteht seinem Freund Posa, seine Stiefmutter, die Königin, zu lieben. Posa vermittelt ein Treffen zwischen den beiden, bei dem Elisabeth den Thronfolger für die Niederländer gewinnt. Karlos will sich um das Kommando dort bei seinem Vater bewerben.

Don Karlos (August Diehl) und seine Stiefmutter und ehemalige Verlobte Elisabeth von Valois, Deutsches Schauspielhaus Hamburg 2004 © Cinetext/ Creaps

An einem Frühlingstag 1568 im Garten des Lustschlosses Aranjuez versucht Domingo, der Beichtvater des Königs, von Don Karlos die Gründe seines anhaltenden Kummers, des „Rätsel(s)" (24), zu erfahren, das Domingo beunruhigt. Bereits seit acht Monaten – Karlos wurde von der Universität zurückgerufen – bedrückt den Infanten offenbar etwas. – Karlos' Freund Posa berichtet von der Situation der unterdrückten Niederländer, die auf Unterstützung durch den Infanten (Don Karlos) hofften. Karlos gesteht Posa die Liebe zu seiner Stiefmutter Elisabeth, der Königin. Posa vermittelt ein heimliches Treffen zwischen beiden. Als Posa der Königin Briefe aus Frankreich bringt, erzählt er ihr in einer Parabel („Zwei edle Häuser in Mirandola ...", 553) von Karlos' Liebe. Bei dem sich anschließenden Treffen erkennt Karlos die Hoffnungslosigkeit seiner Liebe; Elisabeth weist ihn auf die Liebe zu seinen Ländern hin, gesteht dem

Das heimliche Treffen mit der Königin

einstigen Verlobten aber ihre Freundschaft zu. Das Treffen wird durch das überraschende Auftauchen des Königs gestört; Karlos entfernt sich ungesehen. Philipp ist ungehalten, die Königin allein zu finden; er bestraft dafür eine der Damen der Königin, die Marquisin von Mondekar, mit zehn Jahren Verbannung. Die Königin zeichnet sie dagegen aus und empfiehlt ihr Frankreich. – Karlos entschließt sich, bei seinem Vater um das Kommando für Flandern zu bitten, Posa bietet er das Du an (1004).

2. Akt

Statt Karlos' bekommt Alba das Kommando in den Niederlanden. Karlos wird in ein Intrigenspiel der Eboli verwickelt, die ihn für sich zu gewinnen trachtet. Beide sprechen bei ihren Liebesschwüren aneinander vorbei; bei der Eboli schlägt Liebe in Hass auf Karlos um. Domingo und Alba benutzen die Eboli für ihre Intrigen gegen Karlos, Posa will Karlos durch die Königin für den Unabhängigkeitskampf gewinnen

Karlos oder Alba?

In Madrid bittet Karlos von seinem Vater und König, ihm das Kommando nach Flandern zu übertragen. Philipp lehnt aber entschieden ab („*Solche* Kranke / Wie du, mein Sohn, verlangen gute Pflege, / Und wohnen unterm Aug des Arzts. Du bleibst / In Spanien; ...", 1229 ff.) und überträgt, trotz Zweifel an dessen Redlichkeit, das Kommando Alba. Karlos und Alba reizen sich gegenseitig und fechten schließlich miteinander, die Königin beendet den Kampf. – Ein Liebesbrief und ein Schlüssel führen Karlos, der die Königin für die Absenderin hält, in ein verschwiegenes Kabinett. Im 2. Akt, 7. Auftritt beginnt die weitgehend selbstständige Eboli-Handlung: Die Briefschreiberin Eboli erwartet den Infanten. Auf beiden Seiten kommt es zu Missverständnissen. Sie versucht, Karlos als Retter ihrer Tugend zu gewinnen, solle sie doch an einen Günstling des Königs „ver-

Die Eboli-Handlung

kauft“ werden, auch stelle ihr und ihrer Unschuld der König selbst nach. Als Beweis zeigt sie Karlos einen Brief des Königs, den Karlos als Pfand im Kampf gegen Philipp behält. Fast ekstatische Liebesgeständnisse beider erweisen sich als Irrtum und Missverständnis. Hass löst bei der Eboli die Liebe ab, als sie erkennt, dass Karlos' Liebesbezeugungen nicht ihr galten, sondern der Königin. Dieses Wissen will sie an den König weitergeben. – Domingo nutzt in der Zwischenzeit das sexuelle Verlangen des Königs nach der Eboli, um – gemeinsam mit Alba – sie zum Werkzeug seiner Politik zu machen, die sich primär darauf richtet, eine Regentschaft Karlos' zu verhindern, wäre diese doch nicht im Interesse der Inquisition.

Aus Liebe wird Hass

Karlos trifft sich zwei Tage später, unterstützt von einem Prior, mit Posa in einem Kartäuserkloster. Posa erfährt von den Ereignissen und Karlos' Wunsch, die Königin zu treffen, um ihr den Liebesbrief des Königs an die Eboli zu zeigen und sie so von Philipp zu lösen („Die Königin ist frei ...“, 2291). Posa, der den Brief vernichtet, will Karlos' politischen Weitblick, den die Liebe zur Königin verstellt, durch ein Treffen beider wieder auf die Niederlande lenken. Karlos warnt Posa, der König lasse die Post öffnen. Die scheinbar beiläufige Mitteilung (2466 ff.) ist ein wichtiger dramaturgischer Hinweis (2552 ff.).

Karlos warnt Posa

3. Akt

Philipp ist unruhig wegen des Verdachts gegen Frau und Sohn, der ihm von Alba und anderen eingeflüstert wird. Er sucht einen vertrauensvollen Menschen und stößt auf Posa. In einem großen Gespräch während einer Audienz stellt Posa seine Gesellschafts- und Staatsauffassungen dar. Philipp nimmt Posa in seine Dienste und überträgt ihm die Aufklärung der Beziehung der Königin zu Karlos.

Philipp ergeht sich nach schlafloser Nacht in wirren Vermutungen über Falschheit und gegenüber dem Grafen Lerma über Ehebruch, verpflichtet ihn jedoch zum Schweigen. – Alba entdeckt ihm Karlos' Leidenschaft für die Königin. Auch Domingo teilt dem König ohne Rücksicht auf das Beichtgeheimnis mit, dass er durch die Eboli von der Untreue der Königin erfahren habe („Am Beichtstuhl ward es mir vertraut", 2688). Es gäbe ein Gerücht, dass Elisabeths Tochter nicht vom König stamme. Philipp, der zweifelt, bezichtigt Domingo der Lüge und fordert Alba auf, vor Gericht die Anschuldigungen gegen Königin und Thronfolger vorzutragen, die entweder den Tod der Beklagten oder, falls sie das Gegenteil beweisen könnten, den Tod Albas bedeuteten. Als Alba zustimmt, zieht Philipp seinen Vorschlag zurück. – Allein geblieben, bittet Philipp in einer Art Gebet an die „Vorsicht" (2809) um einen Freund und stößt – neben Graf Egmont, den er aus seiner Liste löscht – auf den Namen Posas, der sich bisher vom Hofe fern gehalten hat. – Im Audienzsaal meldet Medina Sidonia den Verlust der Armada.[29] Der König erkundigt sich nach Posa, erfährt von dessen Taten und bestellt ihn zum Hof.

Der König sucht einen Freund

Die Audienzszene

In der Audienzszene zwischen Posa und Philipp II. (3. Akt, 10. Auftritt), die von zentraler Bedeutung ist, beschreibt Posa sein utopisches Ideal eines Staates, in dem das Individuum Zentrum des politischen Wirkens ist; er kann das nur als „Bürger dieser Welt", der den „Untertan" des Königs aufgegeben habe (3007 ff., 3080): „Ich kann nicht Fürstendiener sein." (3022, 3064) Untertanengeist und geistige Verstümmelung prägten die Welt und würden als Tugend verstanden. Posa berichtet dem König von Vernichtungsfeldzügen gegen das niederländische Volk und der Hoffnung, dass einmal menschlichere Zeiten kommen. Vorerst aber fliehe aus Philipps Ländern Volk nach England und stärke den Gegner. Posa entwickelt

29 Während die Ereignisse des *Don Karlos* 1568 spielen, ging die Armada erst 1588 unter.

für den König das Programm eines „aufgeklärten Fürsten", der „von Millionen Königen ein König" sein solle (3201), und erhebt die Forderung: „Geben Sie / Gedankenfreiheit." (3215 f.) Philipp II. erkennt die Größe, aber auch die Gefährlichkeit der Ideen Posas und warnt ihn vor der Inquisition. Er nimmt ihn in seine Dienste und überträgt ihm die Prüfung der Vorwürfe gegen Karlos und die Königin.

4. Akt

Posa erfüllt einen Auftrag des Königs und gewinnt dabei die Königin für seinen Plan, Karlos an die Spitze der aufständischen Niederländer zu stellen. Karlos wird von Graf Lerma vor Posa gewarnt und beginnt an seinem Freund zu zweifeln. Die Königin verteidigt gegenüber dem König ihre Unabhängigkeit. Posa übergibt die Brieftasche des Thronfolgers dem König und lenkt so die Aufmerksamkeit des Königs von ihm ab und auf die Eboli als Verräterin. Posa verhaftet Karlos, um dessen Liebesgeheimnis zu bewahren. Den eigenen Brief an Oranien nach Brüssel lässt Posa entdecken, um auch den Verdacht des Verrats von Karlos zu nehmen.

Posa weiht die Königin in seinen Plan ein

Die Königin ist überrascht, Posa als Boten des Königs zu empfangen. Der entwickelt bei dieser Gelegenheit den Plan eines Aufstandes der Niederländer gegen die Spanier, an dessen Spitze sich Karlos stellen soll; die Königin, die sich zur Mitwirkung bereit erklärt, soll ihn für den Plan gewinnen – Graf Lerma warnt unterdessen Karlos vor Posa, weil dieser eine lange Unterredung mit dem König hatte. Karlos ist daraufhin Posa gegenüber unsicher, händigt ihm aber seine Brieftasche mit Briefen der Eboli und der Königin aus. –

Posa übergibt Karlos' Brieftasche dem König

Die Königin teilt dem König mit, dass ihre Schatulle aufgebrochen worden sei. Der Diebstahl der Briefe und des Medaillons, die aus der Verlobungszeit der Königin mit Karlos stammen, geschah, wie sich herausstellt, auf Befehl des Königs. Die Königin verteidigt ihre

„Wahl" (3771) von Freundschaften und Neigungen. Den wütenden Philipp verweist die Königin auf französische Vergeltung, bricht aber danach zusammen. Der König entlässt die „Teufel" (3810) Alba und Domingo zugunsten Posas. Der geht nun daran, seinen Plan auszuführen: Er übergibt dem König Karlos' Brieftasche mit dem Brief der Eboli, nicht dem der Königin an Karlos. Der König glaubt, von der Eboli hintergangen worden zu sein. Auch sei, so Posa, Karlos' Wunsch nach Flandern ein Wunsch der Königin, die sich „von des Thrones Anteil ausgeschlossen" (3880) sähe. Posa bekommt einen Haftbefehl für Karlos ausgestellt, um ihn vor „verzweifelten Entschlüssen" (3905) zu bewahren. – Graf Lerma warnt Karlos erneut, Posa habe des Infanten Brieftasche dem König ausgehändigt; sein Freund sei inzwischen zum mächtigsten Minister geworden. In gleicher Weise warnen Alba und Domingo die Königin vor Posa, finden jedoch kein Gehör. Karlos will durch die Eboli zur Königin vordringen. Doch Posa verhaftet Karlos, um sie nicht zu dessen Vertrauter werden zu lassen, und droht der Eboli bei Strafe des Todes zu schweigen. Die Verhaftung, deren Grund unbekannt bleibt, erregt Aufsehen. – Die Eboli gesteht der Königin Diebstahl, Verrat und Ehebruch; sie wird als Hofdame entlassen und vom Hofe verbannt. Als sie Posas Plan aufdecken will, sind die Entwicklungen über sie hinweggegangen, denn der König hat bereits den verräterischen Brief. – Posa hat Karlos' Flucht vorbereitet, die Königin soll ihm alles Notwendige übergeben. Seine eigene Sache ist verloren, aber Karlos soll fliehen und das „kühne Traumbild eines neuen Staates" (4280) verwirklichen. Raymond von Taxis bringt – von Posa so geplant – Posas Brief an Wilhelm von Oranien dem König; damit richtet sich doppelter Verdacht auf Posa: Wilhelm ist der Führer der niederländischen Freiheitsbewegung, außerdem „enthüllt" der Brief – was erst später bekannt wird (4685 ff.) –, dass Posa die Königin geliebt und den Verdacht auf Karlos gelenkt habe. Graf Lerma,

Posa lenkt allen Verdacht auf sich

der die Enthüllung miterlebt, ist erschüttert: Der König „hat / Geweint“ (4465 f.) und verliert durch das Zeichen von Menschlichkeit bald seine Macht, ein „teufelisch(er)“ Vorgang (4465).

5. Akt

In Gefangenschaft erkennt Karlos Posas Plan, durch den er nicht mehr verdächtig ist, während Posa zum Schuldigen wird. Karlos wird frei gelassen, Posa erschossen, und der König erfährt von Posas Plänen. Den ausbrechenden Aufstand schlägt Alba nieder. Er erfährt auch von Posas Plänen zur Befreiung der Niederlande. Karlos‘ Flucht wird jedoch im letzten Moment verhindert, und er wird vom König der Inquisition übergeben.

Posa besucht Karlos im Gefängnis

Posa besucht den inhaftierten Karlos und bringt die Briefe der Königin zurück. Karlos erkennt, dass Posa ihn schützen wollte. Alba entlässt Karlos aus der Haft, doch Karlos will diese Entscheidung vom König selbst entgegennehmen. Posa erfährt dadurch, dass die Täuschung des Königs geglückt, Alba wieder einflussreich, er aber entmachtet ist. Das erklärt er Karlos nach Albas Abgang, Karlos solle sich „für Flandern“ (4718) retten. Während Karlos auf die Menschlichkeit Philipps hofft, wird Posa, wie er es erwartet hat, erschossen.

Der König kommt, um Karlos zu vergeben; der zieht das Schwert gegen den Vater und sagt ihm die Wahrheit über Posas Pläne – „die erste Lüge seines Lebens“ (4805) –, stürzt sich damit aber selbst ins Verderben. Der Lärm einer „Rebellion“ (4856), ausgelöst von der Königin[30] (4926 ff.), dringt in den Palast. Alba tritt den Rebellierenden entgegen, „Madrid den Frieden“ (4881) – wie er ihn versteht –

Die Rebellion wird niedergeschlagen

30 In den Quellen wurde die Gefahr eines Volksaufstandes beschrieben.

zurückzugeben.[31] – Die Königin will Karlos die Aufträge Posas übergeben; damit Karlos von den Wachen Philipps unerkannt bleibt, soll er um Mitternacht, wie es eine Sage mitteilt, als Gespenst Karls V. in Mönchskutte verkleidet erscheinen. Lerma bestürmt Karlos zu fliehen, sonst sei der von der Königin ausgelöste Volksaufstand sinnlos; er rüstet ihn mit Waffen aus und huldigt ihm als „Mensch auf König Philipps Thron" (4948). – Alba erfährt durch Briefe, die bei einem Kartäusermönch abgefangen wurden (4966 ff.), von Posas Vorbereitungen für einen europaweiten Angriff samt der Türken auf Spanien, „der von der span'schen Monarchie auf immer / Die Niederlande trennen soll." (4996 f.) – Der König fordert von Alba und Domingo verwirrt den toten Posa zurück, findet aber durch Alba und die vorgelegten Briefe (5074) wieder zu seiner Macht, die er zur Vernichtung nutzen will, und lässt den Großinquisitor kommen. Alba weiß auch von Karlos' Reisevorbereitungen. – Das Gespenst Karls V. verschwindet in den Räumen der Königin. Der Großinquisitor trifft beim König ein und macht ihm Vorwürfe. Posas Blut sollte zu Ehren der Kirche geopfert werden. Der König erfährt, dass alle wie Posa nur Marionetten am Seil der Inquisition sind (Großinquisitor über Posa: „Das Seil, an dem / Er flatterte, war lang, doch unzerreißbar.", 5158 f.); er legt das Schicksal Karlos' in die Hände des Großinquisitors und weiß, dass damit der Tod des Thronfolgers besiegelt ist. – Als Karlos sich von der Königin verabschiedet, tritt der König dazwischen und übergibt seinen Sohn dem Großinquisitor.

Auftritt des Großinquisitors

Karlos' Ende

31 In der Berliner Inszenierung Fritz Kortners 1950 ließ der Regisseur bei diesen Worten Albas Soldaten in das Publikum schießen, was zu Unruhe und Panik führte.

Variante:

Die Prosafassung (*Rigaer Bühnenfassung* 1787) verzichtet auf den Großinquisitor und ersetzt Domingo durchgehend durch den Staatssekretär Perez (NA 7 I, 233). Dem König ist es deshalb nicht möglich, Karlos der Inquisition zu übergeben. Er befiehlt: „Man führe ihn in die Kerker des heiligen Amts." (NA 7 I, 357) Karlos beteuert die Unschuld der Königin, entzieht sich der Verhaftung und will „vor den Richter der Welt" (NA 7 I, 358) treten; er nimmt sich mit einem Dolch das Leben.

3.3 Aufbau

ZUSAMMENFASSUNG

- → Der Aufbau des *Don Karlos* folgt dem aristotelischen Drama. Beispiele dafür fand Schiller in der französischen klassizistischen Dramatik.
- → Durch mehrere sich überlagernde Konzeptionen geraten Brüche in den Vorgang, die zu parallel verlaufenden Handlungen, darunter einer fast selbstständigen Intrigenhandlung (Eboli), führen.
- → Auch Elemente eines analytischen Dramas sind vorhanden.
- → Die Zentralszene (Audienzszene, 3.Akt, 10. Auftritt) führt unterschiedliche Epochen zusammen.
- → Die aristotelischen Einheiten von Handlung, Raum (Ort) und Zeit werden variiert verwendet. Eine Verschiebung findet von Karlos zu Posa statt, um die „Hauptidee" des Stückes herauszustellen.
- → Schiller hatte einen Sinn für Eröffnungs- und Schluss-Sätze. Mit der Entscheidung für den Blankvers erfolgte der Übergang zur Klassik.

Aristotelische Form

Beschäftigung mit französischem Klassizismus

Schiller studierte auf Dalbergs Hinweis während der Arbeit am *Karlos* die französische klassizistische Dramatik: „(...) fürs andere hoffe ich dadurch zwischen zwei Extremen, englischem und französischem Geschmack, in ein heilsames Gleichgewicht zu kommen" (Brief an Dalberg, 24. August 1784; NA 7 II, 17); außerdem wollte er den Werken Corneilles, Racines, Crébillons (er galt zu der Zeit als Frankreichs bedeutendster Dramatiker) und Voltaires die deutschen Bühnen öffnen. Auf diesem Weg fand er zum Aufbau des antiken Dramas, wie ihn Aristoteles (384–322 v. d. Z.) in der *Poetik* beschrieben hatte. Diese normative Dramaturgie hatte sich seit Johann Christoph Gottsched (*Versuch einer Critischen Dichtkunst vor die Deutschen,* 1730) und Gotthold Ephraim Lessing (*Hamburgische Dramaturgie,* 1768/69) durchgesetzt und fand in der klassischen Dramatik, wie in Goethes *Iphigenie auf Tauris*, erschienen 1787 wie *Don Karlos*, den Höhepunkt. Gustav Freytag vereinte später die aristotelische Theorie und die klassische Dramatik, auch die Schillers, zum sogenannten Dramendreieck oder „pyramidalen Bau" mit fünf ausgeprägten Teilen (*Die Technik des Dramas*, 1863).

Das Dramendreieck

Schillers Stück folgt **der aristotelischen Gliederung,** die folgende Teile hat (in eckigen Klammern Schillers Bezeichnungen im *Bauerbacher Entwurf*, NA 7 II, 183 f.):

„Schürzung des Knotens"

1. Akt: Einleitung/Exposition (Einführung in Situation und Personen), erregendes Moment (erstes vorwärts treibendes Moment des Konflikts) [„Schürzung des Knotens"]
2. Akt: Steigerung/Entwicklung [„Der Knoten verwickelter."]
3. Akt: Höhepunkt/Umschlag (Peripetie=Wendung der Handlung zu einer Lösung hin) mit dem tragischen Moment (Konfrontation unvereinbarer Haltungen/Entscheidungen) [„Anscheinende Auflösung, die den Knoten noch mehr verwickelt."]
4. Akt: mit fallender Handlung, retardierenden Momenten (Verzögerung und mögliche andere Lösung), dem Moment der letzten Spannung (letzte Möglichkeit zur Verhinderung der Katastrophe) [„Dom Karlos unterliegt einer neuen Gefahr."]
5. Akt: Katastrophe (Wende- und Schlusspunkt der Handlung, Lösung des Konflikts zum Schlimmen oder Guten) [„Auflösung und Katastrophe."]

Handlungsbrüche und Epochenkollisionen

Handlungsbrüche

Im *Bauerbacher Entwurf* ist diese Gliederung zu finden. Während der weiteren Ausarbeitung traten aber in der Handlungsführung Brüche ein: Die beiden letzten Akte verwirren durch die **sich verselbstständigenden Handlungen**, die auf die Katastrophe hingeführt werden mussten. An die Stelle der Fünfaktigkeit schienen in der Endfassung bis zu neun Akte zu treten: Schiller fragte bei Friedrich Ludwig Schröder, der das Werk uraufführen und selbst den Philipp spielen wollte, an, ob es „widrig auffallen möchte, wenn das Stück mehr als 5 Akte hätte" (Brief an F. L. Schröder vom 18. Dezember 1786; NA 7 II, S. 25).

Die zentrale Szene des Stückes ist die **Audienzszene (3. Akt, 10. Auftritt)**, in der Philipp den Marquis Posa empfängt. Sie bildet die Zusammenfassung der staatspolitischen, philosophischen und historischen Ansichten Schillers, die sich auch in gleichzeitigen ästhetischen Schriften (*Briefe über Don Karlos*, 1788) und in der *Geschichte des Abfalls der vereinigten Niederlande von der spanischen Regierung* (1788) wiederfinden. Posa fällt aus der Zeit und ist ein europäischer Aufklärer, der die Erfahrungen der niederländischen Befreiungsbewegung „aufs engste mit Vorstellungen über eine humane Umgestaltung des miserablen Weltzustandes"[32] zu verbinden versucht. Er benutzt dafür das erst um 1760 in Frankreich entwickelte Modell des „aufgeklärten Absolutismus", der durch „Fürstenerziehung", durch einen aufgeklärten Fürsten zu erreichen sei, und erklärt sie: „Bürgerglück / Wird dann versöhnt mit Fürstengröße wandeln" (3152 f.). Dieser Gedanke kehrt bei Schiller mehrfach wieder: Er findet sich im Gespräch zwischen Philipp und Posa (Audienzszene; „Werden Sie / Von Millionen Königen ein König.",

Posa als vorzeitiger Aufklärer

---

32 Otto, S. 99.

3200 f.) und im Gedicht *Die unüberwindliche Flotte*, in dem als Kennzeichen für Englands Freiheit das Gesetz genannt wird, „dass deine Könige zu Bürgern, / zu Fürsten deine Bürger macht“ (NA 1, 173). Die Audienzszene wird „unhistorisch“, denn es stoßen in ihr zwei Zeitalter zusammen: der Absolutismus auf dem Höhepunkt (1568, Philipp II. als Repräsentant) und der Absolutismus kurz vor dem Zusammenbruch (1762, Karlos und Posa als Repräsentanten des Naturrechts Rousseaus). Das Naturrecht gehörte zu den aktuellen philosophischen Entwicklungen; es zielte auf einen „Gesellschaftsvertrag“, der das Verhältnis zwischen Staat und Bürger regeln sollte: Wenn der Staat nicht für die Freiheit und Gleichheit seiner Bürger eintritt, hat der Bürger ihm gegenüber keine Pflichten mehr. Schiller, der der Geschichte „getreu zu bleiben“ versprach, rechtfertigte im *Vorwort* zu *Dom Karlos. Thalia-Fragment 1785* den unhistorischen Zusammenstoß zweier Zeitalter:

Zusammenstoß zweier Zeitalter

> „Es mag zwar ein gotisches Ansehen haben, wenn sich in den Gemälden Philipps und seines Sohns zwei höchst verschiedne Jahrhunderte anstoßen, aber mir lag daran, den *Menschen* zu rechtfertigen, und konnt' ich das wohl anders und besser als durch den herrschenden Genius seiner Zeiten?“(NA 6, 345)[33]

---

33 „Gotisch“ wurde von Schiller noch in der Bedeutung „formlos, wirr“ verwendet. Den entscheidenden Vorstoß, „gotisch“ von den negativen Überlagerungen zu befreien, hatte Goethe mit seinem Aufsatz *Von deutscher Baukunst* (1773) gemacht: Er polemisierte gegen „alle synonymischen Missverständnisse“, die „von Unbestimmtem, Ungeordnetem, Unnatürlichem, Zusammengestoppeltem, Aufgeflicktem, Überladenem“ sprachen. Er setzte als Inhalt von „gotisch“ den Eindruck des Straßburger Münsters dagegen und erklärte „gotisch“ zur deutschen Baukunst. Goethe: Berliner Ausgabe. Band 19, Berlin und Weimar: Aufbau-Verlag, 1973, S. 32 f.

BRÜCHE IM DRAMENAUFBAU

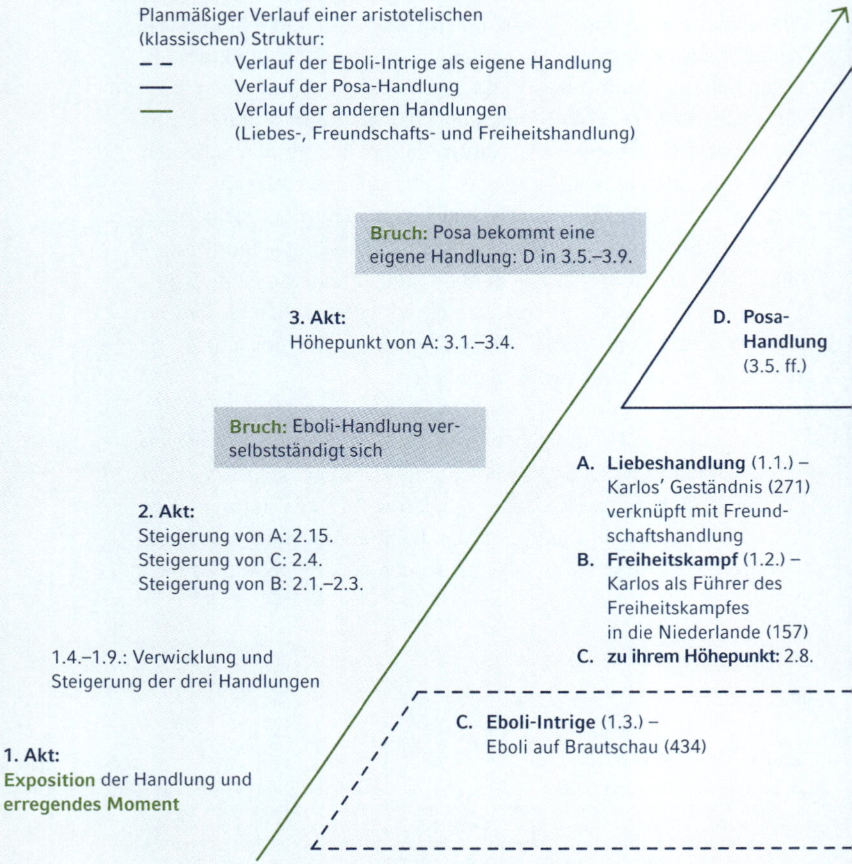

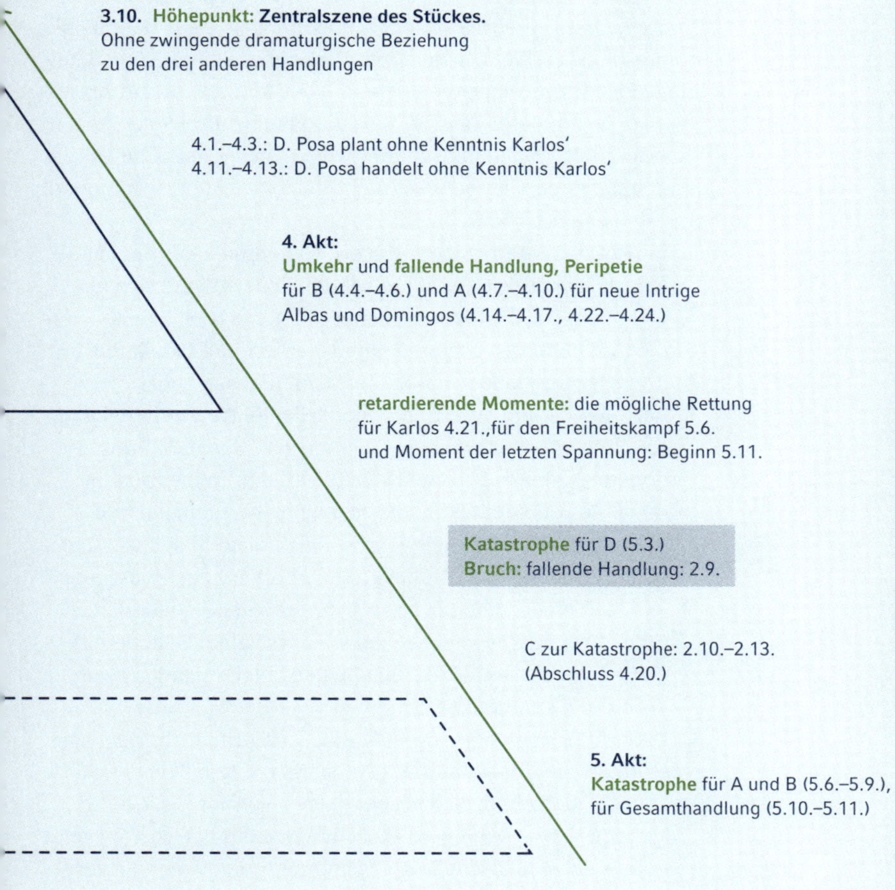
3.10. Höhepunkt: Zentralszene des Stückes.
Ohne zwingende dramaturgische Beziehung zu den drei anderen Handlungen
4.1.–4.3.: D. Posa plant ohne Kenntnis Karlos'
4.11.–4.13.: D. Posa handelt ohne Kenntnis Karlos'
4. Akt:
Umkehr und fallende Handlung, Peripetie für B (4.4.–4.6.) und A (4.7.–4.10.) für neue Intrige Albas und Domingos (4.14.–4.17., 4.22.–4.24.)
retardierende Momente: die mögliche Rettung für Karlos 4.21.,für den Freiheitskampf 5.6. und Moment der letzten Spannung: Beginn 5.11.
Katastrophe für D (5.3.)
Bruch: fallende Handlung: 2.9.
C zur Katastrophe: 2.10.–2.13. (Abschluss 4.20.)
5. Akt:
Katastrophe für A und B (5.6.–5.9.), für Gesamthandlung (5.10.–5.11.)

Handlungsstränge und Intrigenspiele

Parallelführung dreier Handlungsstränge

Für ein aristotelisches Drama ist die Dreieinheit von Handlung, Raum (auch: Ort) und Zeit kennzeichnend. Das politische Drama *Don Karlos* wird durch das Familienstück möglich, beide Handlungsstränge (A, B) verfügen in der Figur Posas über den gleichen Beteiligten: Er will zum einen die Interessen der Niederländer durchsetzen und zum anderen beim Klären der Familienprobleme dienen. Mindestens drei Handlungsstränge werden in der endgültigen Fassung anfangs parallel geführt, nicht immer einander bedingend, aber sich gegenseitig treibend:

1. Im 1. Akt, 1. Auftritt ist es **Karlos' Geheimnis**, das Spannung erregt, Gegner wie Domingo auf den Plan ruft und sich als verbotene Liebe zu seiner Stiefmutter herausstellt, die aber für die Handlung rasch an Bedeutung verliert und von Karlos im Interesse des politischen Kampfes aufgegeben wird.
2. Im 1. Akt, 2. Auftritt wird der **niederländische Freiheitskampf** erwähnt, in dem Karlos tätig werden soll. Obwohl Karlos dem geringe Aufmerksamkeit schenkt, wird der Freiheitskampf durch Posa (und die Königin) handlungsbestimmend und beherrscht am Ende auch Karlos' Fluchtplan: Er soll von Cadix (4980, Seehafen und Festung in Südspanien) nach Vlissingen (4981, Seehafen auf der Insel Walcheren in der niederländischen Provinz Zeeland) segeln, in Brüssel liegt Geld bereit (5101 ff.), aus Gent (5361, Hauptstadt von Ostflandern) will Karlos den ersten Brief schreiben.
3. Die dritte Handlung wird im 1. Akt, 3. Auftritt als Intrigenspiel eröffnet: Die **Eboli-Handlung** verstärkt die Konflikte des Stücks, ist aber auch ein in sich geschlossener Verführungsakt. Er lebt von Verwechslungen, Täuschungen und Betrug. Während Karlos sich am falschen Orte wähnt und zu entkommen versucht, aber am richtigen Orte ist, soll er der Eboli eine Liebe

gestehen, von der er keine Ahnung hat. Daraus entwickelt sich ein Gespräch, in dem beide aneinander vorbeireden, sich missverstehen und dadurch falsche Schlüsse ziehen; solche Gespräche werden „windschiefe Gespräche" genannt.

Intrigenspiele, auch Ränkespiele oder Kabalen (Schillers *Kabale und Liebe*), sind zugespitzte dramatische Entwicklungen, die raffiniert von gegnerischen Kräften betrieben werden. Schiller setzte großes Vertrauen in die Intrige und hoffte, dass „der ganze Gang der Intrige (...) schon in diesem ersten Aufzug" (*Vorwort* zu *Dom Karlos. Thalia-Fragment 1785*, NA 6, 345) erkennbar werde. Er war ähnlich Shakespeare ein Meister der dramatischen Intrige. Ausgelöst werden die Kabalen bevorzugt durch Briefe – im *Karlos* sind es gleich mehrere –, verwechselte Zimmer, auch Personen und Requisiten wie im *Don Karlos* der Schlüssel. Schiller beherrschte das Intrigenstück meisterhaft, wie die dramatische Bewegung der Szenen 4. Akt, Auftritte 1.–16. zeigt. Selbst Posa wird einbezogen – und dadurch moralisch anfechtbar –, indem er die Königin in seiner Intrige angeblich zu seiner Geliebten macht und damit auch den Freiheitskampf in Flandern, in dem die Königin engagiert ist und für den sie Geld gibt, gefährdet.

Meister der dramatischen Intrige

Handlungsorte und Handlungszeit

Der Aufbau wird durch den Gegensatz der Handlungsorte und -räume – fern der Macht oder im Zentrum der Macht – geprägt: Der 1. Akt spielt in den anmutigen Gärten von Aranjuez, die 14. und 15. Szene des 2. Aktes ebenfalls fern der Hauptstadt in einem Kloster. Alle anderen Szenen spielen im königlichen Schloss von Madrid. In der Fassung von 1787 und der endgültigen Fassung von 1805 ist der Gegensatz fassbar als Polarität von freier Natur und höfischem Zwang; allerdings sind Reste einer Konfrontation von

Gegensatz der Handlungsorte und -räume

zerstörtem Paradies und Hölle erkennbar, wie sie aufklärerisches Denken bestimmte. Im *Thalia-Fragment* 1785 ist dieser Gegensatz zu erkennen: Karlos fühlt sich zu Beginn (1. Akt) im Paradies verfolgt „wie die Gerichte Gottes" (NA 6, 347). Der 2. Akt (*Thalia-Fragment* 1786) beginnt mit einer später nicht ausgeführten Szene, die Schiller von Mercier übernahm: Nach einem Autodafé, einer Ketzerverbrennung, kehrt Philipp mit seinem Hofstaat in den Palast zurück. Der Großinquisitor übergibt dem König ein vom Papst verliehenes Glaubensschwert (NA 6, 407).

Tendenz zur aristotelischen Einheit

Die **Handlungszeit** tendiert zur aristotelischen Einheit. Das Geschehen sollte sich innerhalb von 24 Stunden vollziehen. Während die ersten beiden Akte zwei Tage umfassen, spielen der anschließende 3. bis 5. Akt an einem Tag von morgens bis kurz nach Mitternacht. Der Schluss weist eine bei Dramen ungewöhnliche **Zeitdehnung** auf. Am Ende des 5. Akts, 6. Auftritt steigt die Spannung auf einen Höhepunkt, auf den der Zuschauer mehrfach hingewiesen wird: Posa ist tot, Karlos verzweifelt, die Königin will ihn um Mitternacht erwarten, um ihm Posas Auftrag zu übergeben: „Die Zeit / Ist zwölf Uhr." (4915 f.) **Spannung und Zeit verhalten sich reziprok:** Die Spannung nimmt ständig zu, die zur Verfügung stehende Zeit fortlaufend ab. Mitternacht dehnt sich. Erreicht wird das durch die Überlagerung einer konkreten Absprache zwischen der Königin und Karlos und der Sage, dass um „Mitternacht in den gewölbten Gängen / Der königlichen Burg, in Mönchsgestalt, / Der abgeschiedne Geist des Kaisers wandle." (4901 ff.)

Vorgeschichte und tragische Konstellationen

Elemente eines analytischen Dramas

Es kann nur erwähnt werden, dass Don Karlos auch Elemente eines analytischen Dramas enthält, denn ein entscheidender Vorgang – die Liebe des Prinzen zu seiner Stiefmutter als Folge der Tatsache, dass sie zuerst seine Braut war – liegt *vor* der Handlung des Stücks.

Auch Posas Einsatz für den niederländischen Freiheitskampf hat eine Vorgeschichte. Damit haben sich wesentliche Vorgänge vor dem dramatischen Geschehen ereignet und werden analytisch aufgearbeitet. Der analytische Aspekt ist aber nicht in der Lage, das gesamte Stück zu tragen.

Die ursprüngliche Bezeichnung als **Trauerspiel** ist berechtigt. Tragische Konstellation sind mehrfach vorhanden[34]; dass „die eigentliche Tragödie (...) die des Zusammenbruchs der für das 18. Jahrhundert entscheidenden Sozialordnung der Familie selbst in einem fürstlichen Hause"[35] sei, ist wenig stichhaltig, denn sich verändernde Sozialordnungen sind historische und keine tragischen Vorgänge. Der tragischste Konflikt besteht für Elisabeth und Karlos, die einander lieben, ihrer Liebe aus Staatsräson entsagen müssen, aber bereits vor der Alternative des Freiheitskampfes scheitern. Karlos erlebt bei seinem Abschied von der Geliebten zwar die Erfüllung des Augenblicks („Ich hielt Sie in den Armen / Und wankte nicht." 5357 f.), aber auch Verderben, denn er wird verhaftet. Elisabeth will ihrer Liebe entsagen, um sich ihren Pflichten zu widmen, muss aber um ihrer Ehre willen gegen Spanien und den König, ihren Mann, wirken. Sie ist jedoch nicht die einzige „tragische Figur"[36] im Stück. Eine weitere tragische Gestalt ist Posa, der sein Leben einsetzt für die Utopie einer freien Menschheit, die noch nicht zu verwirklichen ist, und der in den von ihm mitgesponnenen Intrigen der Realpolitik, die nichts Menschliches kennt, umkommt. Tragische Züge hat auch Philipp, der nicht Mensch sein darf und im Augenblick, als er menschliche Schwäche zeigt – er

Tragische Liebe

---

34 Mit unterschiedlichen Auffassungen des Tragischen im *Don Karlos* setzt sich auseinander: Bernd Leistner: *Spielraum des Poetischen. Goethe – Schiller – Kleist – Heine.* Berlin und Weimar: Aufbau-Verlag, 1985, S. 104 ff. und 270 f.

35 Koopmann, In: Hinderer, S. 196.

36 Oellers 2005, S. 191.

weint und seine Granden betrachten das als „teufelisch" (4464) –, Frau und Sohn verliert und seine Macht an die Inqusition abgibt.

Grundstruktur des Vater-Sohn-Konflikts

Das Familienstück bedient sich der bewährten Grundstruktur des Vater-Sohn-Konfliktes. Darin definieren und legitimieren sich Söhne als weltanschauliches und moralisch-ethisches Gegenstück zu ihrem Vater. Gründet sich der Gegensatz wie im vorliegenden Fall noch durch den Anspruch auf eine Frau, wird die Grundstruktur zum außergewöhnlichen Fall und erreicht ein Höchstmaß an Erbarmungslosigkeit. Sie wird von Schiller kontinuierlich aufgebaut und über verschiedene Stufen bis zur totalen Familienzerstörung geführt. Im Augenblick von Karlos' Wort „verzeihn" (4730), trifft der tödliche Schuss Posa: Das bedeutet auch Karlos' Ende.

Karlos macht für Posa Platz

Die lange Entstehungszeit und die verschiedenen Fassungen haben Wirkung im Handlungsablauf hinterlassen. Bis auf **eine Verschiebung** ist das Gesamtgefüge jedoch einheitlich geordnet geblieben: Nur Karlos macht ab dem 3. Akt Platz für Posa, der bis zu seinem Tod die Handlung dominiert. Dass diese Verschiebung das Stück dennoch kaum stört, erklärt sich aus der geistigen Nähe von Karlos und Posa. Da Karlos an den Freiheitskämpfen der Niederländer nur mäßig interessiert ist (170 ff.), tritt Posa an die Stelle. Der Freiheitsgedanke wird zur Klammer der Handlung, scheidet das Figurenensemble in Fürsprecher (Posa, Karlos, Königin) sowie Gegner (König, Alba, Großinquisitor) und hat auch eine umfangreiche geschichtsphilosophische und staatspolitische Begründung in der Zentralszene des Stückes (3. Akt, 10. Auftritt) erhalten. Ohne eine dramatische Handlung zu haben, wird die Szene zum ideellen Zentrum und zum Forum für Schillers weltanschaulich-politische Ansichten, die von Rousseaus *Gesellschaftsvertrag*[37] geprägt sind:

---

37 Jean Jacques Rousseau: *Du contrat social ou Principes du droit politique* (dt. *Vom Gesellschaftsvertrag oder Grundsätze des politischen Rechts*, Erstausgabe 1762).

Das Naturrecht, als Alternative zum Absolutismus, gebe den Menschen Freiheit und Gleichheit. Die Beziehung Posas zu den Ideen Rousseaus zeugen „von einer Wirkung Rousseaus, als habe Schiller Posa zu dessen Spiegelbild machen und seine Lehren dramatisch erproben wollen“ (NA 7 II, 327). In den *Briefen über Don Karlos* wurden Posas Ideale zur „Hauptidee“ des Stückes erklärt.

Spannungserzeugende Sätze

„Ich liebe meine Mutter“

Die Spannung erreicht ihren ersten Höhepunkt, als einer von Schillers berühmten Sätzen fällt, die Konflikte auslösen: „Ich liebe meine Mutter.“ (271) Der Satz bekommt durch die vorhandenen Kenntnisse – es handelt sich um die Stiefmutter und einstige eigene Braut – Sprengkraft. Schiller hatte einen ausgeprägten Sinn für **Eröffnungs- und letzte Sätze**, in denen Situationen sprachlich auf den Punkt gebracht werden. Berühmt sind der Eröffnungssatz der *Piccolomini* („Spät kommt Ihr – Doch Ihr kommt! Der weite Weg, / Graf Isolan, entschuldigt Euer Säumen.“ NA 8, 59) oder der Schlusssatz der *Räuber* („– dem Mann kann geholfen werden.“ NA 3, 135) Schillers Stücke enden grausam, Konflikte werden erbarmungslos beendet. Der **Schluss** des *Karlos* weist ein besonders schlimmes Ende auf, denn Philipps letzter Satz bedeutet die ungeheuerliche Lösung, das Todesurteil für den eigenen und einzigen Sohn: „Kardinal! ich habe / Das Meinige getan. Tun Sie das Ihre.“ (5369 f.)

3.4 Personenkonstellation und Charakteristiken

ZUSAMMENFASSUNG

- → Schiller hatte anfangs nur wenige wesentliche Charaktere vorgesehen: Philipp II., Don Karlos, Königin Elisabeth, der „grausame() heuchlerische() Inquisitor()" (NA 7 II, 12), Herzog Alba.
- → Erst später kamen Posa und die Eboli hinzu.
- → Die Hauptpersonen sind in doppelter Weise in die Handlung integriert, in ihrem politischen Wirken und in ihren persönlichen Bindungen: Philipp ist König und Ehemann, Karlos ist Thronfolger und Liebender. Posa ist Freiheitskämpfer und Freund, Elisabeth Königin und Stiefmutter.

Figuren aus höchsten Kreisen der Macht

Schillers Personen stammen aus höchsten Kreisen der Macht, „die nicht nur den größten Einfluss auf ihre Zeit ausübten, sondern auch der Menschheit die tiefsten Wunden schlugen" (Streicher, NA 42, 73). Zwar wollte Schiller „die handelnden Personen als Tyrannen, als blutdürstige Henker" zeichnen, aber „die verabscheuungswürdigsten Menschen mit derselben Larve, die sie im Leben, und besonders an Philipps Hofe trugen, getreu darstellen" (Streicher, NA 42, 73). Die Grundzüge der Charaktere übernahm er vom Abbé de St. Réal.

Philipp II.

Unbarmherziger Despot

ist 41 Jahre, hat jedoch schon „graue Haare" (868) – Zeichen des frühen Alterns in dieser Zeit – und er ist die zentrale Figur des Stückes. Bereits bei seinem ersten Auftritt im Stück (1. Akt, 6. Szene) erteilt er einer Hofdame eine unverhältnismäßig hohe Strafe, die alle Anwesenden „bestürzt" (nach 827). Seine Härte gibt dem Hof

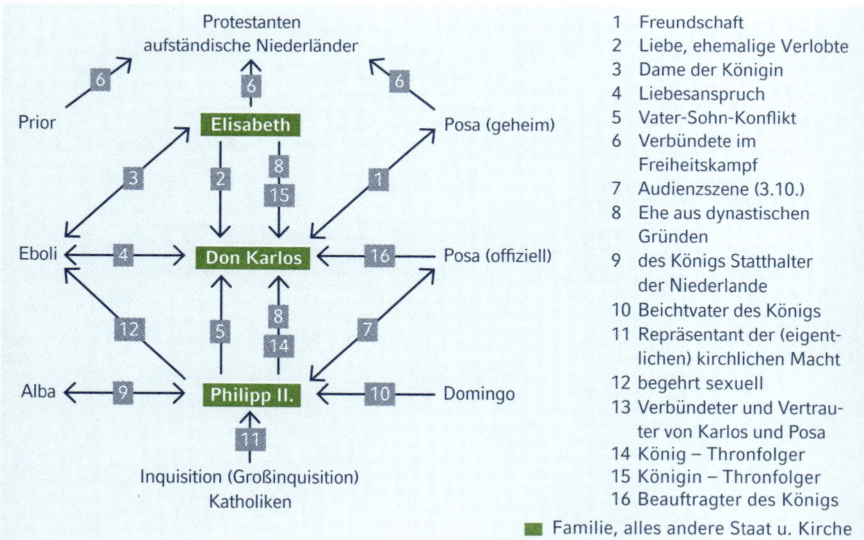

den Charakter eines Friedhofs („Die Ruhe eines Kirchhofs“, 3162). Außerhalb der spanischen Geschichtsschreibung ist sein Bild so wie das Schillers: In der *Geschichte des Dreißigjährigen Krieges* beschrieb ihn Schiller später als einen bösen, rachedurstigen König mit einem „despotischen finstern Charakter“ (1. Teil, 1. Buch). Philipp wird in der nichtspanischen Geschichtsschreibung Argwohn, Misstrauen, Eifersucht und Unbarmherzigkeit zugeordnet; sein Verständnis von Macht war auf die unantastbare absolutistische Gewalt gerichtet. Philipp stellt eine verbissene, aber würdevolle Hoheit aus, misstrauisch, verschlossen, aber fleißig und pflichttreu.

Der Mensch hinter dem Ungeheuer

Im Drama lag Schiller daran, begründet im Vorwort zum *Thalia-Fragment* 1785, Philipp nicht als Ungeheuer zu zeichnen, sondern „den *Menschen* zu rechtfertigen, und konnt’ ich das wohl anders

GRUPPIERUNGEN ZWISCHEN MACHT, LIEBE UND FREIHEITSKAMPF

Macht	Liebe	Freiheitskampf
Familie: **Philipp II. (Elisabeth)**	**Karlos & Elisabeth**	**Karlos, Elisabeth**
Partner/Gegner: **Herzog Alba** (Eboli) **Großinquisitor** (Domingo) Sieg in jeder Hinsicht, aber Tod der Liebe und Menschlichkeit	**Eboli:** → Intrige und Sex statt Liebe → Statt Liebe herrscht nur noch Sinnlichkeit und Intrige der Eboli.	**Posa:** → unerfüllte Liebe Karlos' → gescheiterter Einsatz im Freiheitskampf → Tod der Liebenden und Freiheitskämpfer
Es bleibt: → Macht ohne Menschlichkeit, aus der Philipp ausscheidet. → die Inquisition	→ Intrige → Verrat → Unmoral	→ Erinnerung an Liebe, Schönheit und politische Utopie (Freiheit, neue Staatsform) → Idee von den „menschlichen Jahrhunderte(n)" (3156 f.), die für Posas „Ideal" reif sein werden. (3079)

und besser als durch den herrschenden Genius seiner Zeiten?" (NA 6, 345) Schiller entwickelte zwei Bilder von Philipp, ein geschichtliches und ein ästhetisches. Hatte er im *Karlos* Philipp zur tragischen Gestalt werden lassen, ihm menschliche Züge zugebilligt und den „Despoten" zurückgedrängt, wenn auch nicht ausgeschieden („des Despoten Seele", 2970), so versah er ihn 1789 im *Philosophischen Gespräch*[38] aus dem Roman *Der Geisterseher* mit einem despotischen Charakter:

---

38 Bei dem *Philosophischen Gespräch aus dem Geisterseher* handelt es sich um die Erstfassung, die während der Entstehung des *Don Karlos* geschrieben und in der *Thalia*, 6. Heft, 1789 veröffentlicht wurde.

> „Der Despot ist das unnützlichste Geschöpf in seinen Staaten, weil er durch Furcht und Sorge die tätigsten Kräfte bindet und die schöpferische Freude erstickt. Sein ganzes Dasein ist eine fürchterliche Negative; und wenn er gar an das edelste, heiligste Leben greift und die Freiheit des Denkens zerstöret – hunderttausend tätige Menschen ersetzen in einem Jahrhunderte nicht, was *ein* Hildebrand und *ein* Philipp von Spanien in wenig Jahren verwüsteten." (NA 16, 169)

Macht und Einsamkeit

Im Stück ist Philipps Konflikt tragisch: Er erlebt den Glanz seiner Macht als Einsamkeit des Herrschers. Diesen Widerspruch kann er nicht ertragen und wird dadurch verletzlich, kann sogar zum Entsetzen des Hofes weinen (4465). Ein König hat seine Macht ohne menschliche Regungen auszuüben; zeigt er solche, gilt er für ohnmächtig. Das wird zweimal mit Tränen demonstriert: Als er in seiner Enttäuschung über Posa weint, kann das der treue Graf Lerma nicht fassen (Domingo: „Graf, was ist geschehen? / Sie sind ja blass wie eine Leiche.", 4462 f.); er empfindet die menschliche Regung als „teufelisch" (4464), weil Philipp in diesem Augenblick seine Macht verliert. Als Philipp nach Posas Tod glaubt, seine Granden weinten, „von einem Knaben weich gemacht" (4869), sieht er sich verraten und will die Macht abgeben: Umgeben von weinenden Menschen ist er nur „ein ohnmächt'ger Greis" (4875). Philipp kann nur Mensch oder König sein; da er beides sein möchte – das ist sein Konflikt –, verliert er seine Macht an die Inquisition, der Menschlichkeit fremd ist. – Bei Philipp dürfte Schiller auch den **Herzog Karl Eugen von Württemberg** (1728–1793) mitgedacht haben, der für ihn Despot, aber auch bis in die Familie hinein bestimmender Mäzen war.

Teuflisches Weinen

Mensch oder König?

Elisabeth von Valois, die Königin,

wurde am 2. April 1545 zu Fontainebleau als Tochter König Heinrichs II. von Frankreich und Katharinas von Medici geboren. Zuerst mit dem gleichaltrigen Don Karlos verlobt, wurde sie am 30. Juni 1559 mit Philipp II. vermählt[39] – wegen ihrer Jugend anfangs nur formell, wobei Alba Philipp II. vertrat (2634 ff.). Philipp gebar sie zwei Töchter, eine – Infantin Klara Eugenia, ein Kind von drei Jahren – wird im Personenverzeichnis aufgeführt. Während Philipp den Staat als Familienbesitz betrachtete, sah er Elisabeth als sein privates Eigentum an („Das ist mein eigen.", 865). Elisabeth starb 1568 bei der Geburt der zweiten Tochter. Sie ist bei Schiller eine makellose Frau, die alle Forderungen der weiblichen Tugend ihrer Zeit erfüllt und mehr als die Frauen der Zeit politische Ziele verfolgte. Ist sie zu Beginn noch eine liebende Frau, so wird aus ihr eine politisch handelnde Königin, die den Prinzen auf seine Verantwortung und Pflichten gegenüber seinen Untertanen hinweist.

Philipps ‚Eigentum'

Politische und soziale Interessen

Von Beginn an hat sie bei Schiller politische und soziale Interessen: Sie ist gegen die Inquisition, gegen fürstlichen Prunk und Hofetikette, für eine tolerante Herrschaft und die Freiheit der Niederlande. Sie denkt konstruktiv und ist mit finanziellen Mitteln an der Vorbereitung der Rebellion in den Niederlanden beteiligt (3495 ff.), verspricht die Unterstützung der Aufständischen durch Frankreich und Savoyen, löst einen Volksaufstand in Madrid zur Rettung Karlos' aus (4926 ff.) und nimmt an der großen Politik teil. Sie erkennt Posas Selbstsucht, mit der er seinen Stolz zu befriedigen sucht und dabei keine Rücksicht nimmt („Mögen tausend Herzen brechen, / Was kümmert Sie's", 4385 f.). – In den Charakter ist auch die geistvolle und vielseitige Bildung ausweisende **Charlotte von Kalb** eingegan-

---

39 Anlass war der Friedensschluss zwischen Frankreich und Spanien (Frieden von Cateau-Cambrésis), der durch die Vermählung bekräftigt werden sollte.

gen, die Schiller Beraterin – gerade beim *Don Karlos* –, Freundin, Kritikerin und Geliebte war. Von der historischen Elisabeth von Valois und ihrer Ehe mit Philipp II. ist Schillers Darstellung jedoch weit entfernt.

Don Karlos

wurde am 8. Juli 1545 geboren, ist also 23 Jahre, so alt wie Schiller, als er mit der Arbeit an dem Stück begann. Man kann in Karlos' rebellischem Verhalten, besonders in der kaum vorhandenen Bereitschaft, sich unterzuordnen, Züge Schillers und des Sturm und Drang sehen. Karlos' Mutter Maria von Portugal starb vier Tage nach der Geburt. Der schwächliche Knabe hatte ein eigensinniges Temperament, das der Vater zu zügeln versuchte. Es entwickelte sich eine unerbittliche Feindschaft zwischen Vater und Sohn. 1560 huldigten Karlos die Stände als Thronfolger (12). Nach einem Unfall 1562, bei dem er sich schwere Kopfverletzungen zuzog, zeigte er Zeichen von Verwirrung. – Dass zwischen ihm und seiner Stiefmutter Isabella (Elisabeth) von Valois, die zuerst seine Braut werden sollte, eine Liebesbeziehung bestand, ist nicht belegt, wohl aber verstanden sich beide sehr gut. 1561 begann er an der Universität Alcala seine Studien.

So alt wie Schiller

Er misstraute dem Vater und auch dessen Vertrauten. Da Karlos dem König mit Vorstellungen zur Hebung des Einflusses von Adel und Städten entgegentrat, plante dieser, den Sohn zu enterben. Auch der historische Karlos forderte das Kommando in Flandern, das aber Alba erhielt. Die von Karlos geplante Flucht wurde verraten, der Prinz von seinem Vater verhaftet und eingesperrt. 1568 starb er in der Haft. – Karlos war ein empfindsamer, sensibler und erregbarer Mensch, dessen Leidenschaften die Grenzen zur Krankheit streiften. Robert Walser ließ ihn sich selbst so beschreiben:

Misstrauen gegen Vater

„Mysteriöse Erscheinung, die ich bin! Ich vermochte die Hofluft nicht zu ertragen, der Hof ertrug wieder mich nicht. Marquis Posa hätte vielleicht nie mein Freund sein sollen. Diese Freundschaft war aber Tatsache. Mich überkam ein Bedürfnis, aus einer Umarmung in die nächstliegende andere zu stürzen. Ich flog, taumelte von Betäubung zu Betäubung und kann auch jetzt noch nicht umhin, mir unerklärlich zu sein. Ich hielt und halte es innerhalb meiner selber kaum aus. Ich bin mir etwas durchaus Unerträgliches.“[40]

Seelenverwandter Hamlets

Karlos’ literarische Verwandtschaft ist groß; Schiller hat sie benannt: „Karlos hat (...) von Shakespeares Hamlet die Seele – Blut und Nerven von Leisewitz’ Julius [*Julius von Tarent*, R. B.], und den *Puls* von mir.“ (Brief an Reinwald vom 14. April 1783, NA 7 II, 15)

Repräsentant von Vernunft und Aufklärung

Roderich (Rodrigo), Marquis von Posa

ist seit der Buchfassung von 1787 ein Malteserritter im Alter von 21 Jahren[41], im *Thalia-Fragment* 1785 war er „Dom Rodrigo, Marquis von Posa, Kammerjunker des Prinzen“ (NA 6, 346). Er tritt „als fertiger Charakter in das Werk ein, mit fixiertem Ziel, das er um jeden Preis zu erreichen sucht“[42]; er steht für menschliche Vernunft, aufklärerisches Denken und republikanische Prinzipien, wie sie sich zu Schillers Zeit mit dem amerikanischen Unabhängigkeitskrieg verbanden (Posa zum König: „Werden Sie / Von Millionen Königen ein König.“, 3200 f.). Posa trägt Züge Schillers: Was Schiller diesem „dichtete, hätte er sein können“[43].

---

40 Walser, S. 37.

41 Alba erwähnt, dass Posa als „achtzehnjähr’ge(r) Jüngling“ (2906) an der Verteidigung Maltas gegen die Türken teilnahm, die 1565 La Valetta belagerten.

42 Otto, S. 106.

43 Wolzogen, S. 297 (2. Teil); NA 42, 391.

Don Karlos
(August Diehl)
und sein Freund
Marquis von Posa,
Deutsches Schauspielhaus Hamburg
2004
© Cinetext/Creaps

Schillers Kenntnisse von verschiedenen Unabhängigkeitserklärungen – die der USA und der Niederlande – spiegeln sich in Posas Reden wider. Deutlich wird das in den „unzeitgemäßen (...) Parallelen in der Rhetorik seiner niederländischen Rebellen in *Don Karlos* (1783–1787) zu der Rhetorik des amerikanischen Unabhängkeitskriegs“[44].

„Beispiel aller großen Köpfe“

In den *Briefen über Don Karlos* beschreibt Schiller Posa als „Beispiel aller großen Köpfe“, das zwischen „Finsternis und Licht“ entstehe: „Der Zeitpunkt, wo er [der Charakter Posas, R. B.] sich bildet, ist allgemeine Gärung der Köpfe, Kampf der Vorurteile mit der Vernunft, Anarchie der Meinungen, Morgendämmerung der Wahrheit“; der Zeitpunkt war derjenige, „worin stärker als je von Menschenrechten und Gewissensfreiheit die Rede war“ (NA 22, 140 f.). Diese Charakteristik Posas galt nicht für das von der Inquisition beherrschte Spanien, sondern für Schillers Gegenwart, in der aufklärerische Ideen und der amerikanische Unabhängigkeitskrieg die Französische Revolution von 1789 vorbereiteten.

Seiner Zeit voraus

Posa weiß, dass seine Ideale in einer fernen Zukunft Wirklichkeit werden („Das Jahrhundert / Ist meinem Ideal nicht reif.“, 3078 f.). Trotzdem wirbt er in der Gegenwart für die Freiheit der Niederlande und ist *der* Stratege des Aufstands: Er sucht die geeigneten Anführer für die Niederländer (Karlos, 160), die ihm zu vertrauen scheinen (3471 ff.), und er hat auf Reisen „alle nord'schen Mächte / Für der Flamänder Freiheit zu bewaffnen“ (4992 f.) versucht; er befördert geheime Dokumente, propagiert den Wert der nationalen für die Welt-Politik, nimmt die Gefahren bei der Vorbereitung der „Rebellion“ (3468) auf sich und versucht einerseits, den König für seine Politik zu gewinnen, andererseits hat er alles vorbereitet, um Karlos illegal nach Flandern zu bringen. Dort scheint er

---

44 High, S. 83.

mit Egmont und Oranien entsprechende Vorbereitungen getroffen zu haben (3487 ff.). Posas Pläne nötigen auch Alba Achtung ab (5002 f.). Für Karlos wird er zum zwiespältigen Freund, indem er dessen Interessen seinen eigenen Idealen unterordnet.

Bedient sich intriganter Mittel

Den idealen Welt- und Menschheitsentwurf entwickelte Schiller kritisch. In seinen *Briefen über Don Karlos* polemisierte er gegen seinen idealen Posa, weil dieser sich intriganter Mittel bedient. Auch bestehe bei Posas idealer Schwärmerei die Gefahr, die Möglichkeiten der Wirklichkeit aus den Augen zu verlieren, deshalb:

> „Die Tugend handelt groß um des Gesetzes willen, die Schwärmerei um ihres Ideales willen, die Liebe um ihres Gegenstandes willen. Aus der ersten wollen wir uns Gesetzgeber, Richter, Könige, aus der zweiten Helden, aber nur aus der dritten unsern Freund erwählen.“ (NA 22, 170)

Prinzessin von Eboli

Nach Hinweisen von Charlotte von Kalb

Anna de Mendoza, Fürstin von Eboli, war die Tochter des Vizekönigs von Peru. Geboren 1540, heiratete sie 1559 den sehr viel älteren Rui Gomez de Sylva, der 1573 starb. Sie hatte mit ihm zehn Kinder. – Eboli, schön, herrsch- und genusssüchtig, lebte in der zerrütteten Moral ihrer Gesellschaft und bediente sich ihrer, hat aber bei Schiller noch einen Rest Tugend bewahrt, mit dem sie sich vor dem Laster des Hofes (dem sexuellen Verlangen des Königs) zurückhält. Erst als nicht nur ihr Verlangen nach Karlos enttäuscht wird, sondern auch ihre Tugend und Ehre öffentlich angegriffen zu werden droht, gibt sie den Anträgen nach und versucht, sich als Geliebte des Königs für die Enttäuschungen zu rächen. Der spätere Herzog von Pastrana soll aus dieser Beziehung stammen. – In Schillers Stück ist sie nicht nur eine Intrigantin, sondern auch eine enttäuschte Frau. Auch diesem Charakter hat Schiller Züge der

Charlotte von Kalb eingearbeitet; diese hatte ihm nach den statuarischen weiblichen Charakteren in den *Räubern* und *Fiesco* Hinweise zur Gestaltung der Frauengestalten gegeben, um frühere Fehler zu vermeiden.

Herzog von Alba

Statthalter in den Niederlanden

Ferdinand Alvarez von Toledo (2741), Herzog von Alba (1508–1582), war ein spanischer Feldherr und Staatsmann, der auch in Goethes *Egmont* (1787/88) auftritt. Er war mit seiner Strenge und seinem Fanatismus für die katholische Kirche der gefürchtetste General Europas. Besonders blutig verlief seine Statthalterschaft in den Niederlanden (1567–73). Dort setzte er den „Rat der Unruhen" ein, den das Volk „Blutrat" nannte: Er sollte über die Einführung der spanischen Staatsform wachen (161 ff.). Alba ist im Stück dem König ebenbürtig und muss in seiner Gegenwart die Kopfbedeckung nicht abnehmen. (Nach 1573 verlor er das Vertrauen des Königs, weil er selbst zu große Macht in Anspruch nahm.) „Wie Gottes Cherub vor dem Paradies" (881) sieht er sich vor dem Thron stehen. Mit dieser Selbstbeschreibung weist er auf den Partner hin, durch den er mächtig ist: Nicht der König ist sein Verbündeter, sondern die Inquisition. Karlos sieht in ihm von Beginn an einen Teufel, später kommt auch der König zu dieser Auffassung (3810).

Domingo

Fiktive Figur

ist eine von Schiller erfundene Figur. Er ist Beichtvater des Königs, ein Dominikanermönch. Im *Thalia-Fragment* von 1785 wurde er als „gewesener Inquisitor" bezeichnet. Als 1480 in Kastilien die Inquisition eingeführt wurde – in Aragon gab es sie schon seit dem 13. Jahrhundert –, gab man sie in die Hände von Dominikanern, wie es in anderen Ländern schon zuvor üblich war; 1231 hatte Gregor IX. dem Orden die Inquisition übertragen. – Es wird auch in der Endfassung deutlich, dass Domingo im Dienste der Inquisition steht und zu den Verschwörern gegen Karlos, Posa, die Königin und den König gehört. Sein treuester Verbündeter ist Alba. Er lenkt und leitet die privaten und feinen Intrigen im Gegensatz zu Alba, der die großen Schlachten schlägt. Mit Domingo und damit dem Repräsentanten der Inquisition wird das Stück eröffnet und Unmenschlichkeit enthüllt; mit des Großinquisitors Unmenschlichkeit endet das Stück. Domingo übt widerwärtigen Verrat, nicht einmal das Beichtgeheimnis ist ihm heilig (2688).

Albas Verbündeter

Der Großinquisitor

ist „ein Greis von neunzig Jahren und blind" (nach 5143) und eine namenlose Rolle, die im 5. Akt, 9. Auftritt wichtig wird und deren Bedeutung sich hinter der Szene entwickelt. Durch die Funktionsbezeichnung wird er zum Typ und seiner menschlichen Züge entäußert. Auch als Rolle sollte er „unmenschlich" gespielt werden, empfahl Schiller: „fast gar keine Mimik", den Text als „Deklamation", „deutlich starke Vorlegung des Textes", nichts tun „als verständlich sprechen" (NA 7 II, 34). Sein Vorbild ist der Patriarch aus Lessings *Nathan der Weise* mit seiner stereotypen Rede: „Tut nichts! Der Jude wird verbrannt." Er ist als Letzter in Aktion und kündigt dadurch die zukünftige Handlung an: die Vernichtung Karlos' und aller Andersdenkenden. Die Inquisition ist die Macht, gegen die Schiller sein Stück schreiben wollte. Bei aller Abschwächung vom *Thalia-Fragment* bis zur Endfassung blieb das Vorhaben erhalten: Ist es am Anfang der ehemalige *Inquisitor* Domingo, der die Intrigen bei Hofe betreibt, so ist es am Ende der Großinquisitor, der zur Personifikation der politischen Macht eines Weltreiches und der Unmenschlichkeit wird.

Mehr Typ als Mensch

Lessings Patriarch als Vorbild

3.5 Sachliche und sprachliche Erläuterungen

Don/Dom (Titel)	Die portugiesische Form „Dom" fand Schiller bei Saint-Réal; Wieland bemerkte in einem Gutachten zum Stück, es müsse spanisch „Don" heißen. Beides war der Titel für hohe Adlige in Spanien und Portugal, aber auch für einflussreiche und wohlhabende Herren (lat. dominus = Herr).
Infant (Titel)	Vom lat. infans = Kind; in Spanien und Portugal Titel für die königlichen Prinzen, Infantin für die Prinzessinnen. In Spanien erhielt der Thronfolger den Titel eines Infanten (Prinzen) von Asturien.
Ein dramatisches Gedicht (Untertitel)	Dichtung in gebundener Rede (Blankvers). Diese Gattungsbezeichnung trug Lessings *Nathan der Weise* (1779). Bei seinem ersten Aufenthalt in Bauerbach debattierte Schiller über das Stück mit dem Meiningener Hofprediger Johann Georg Pfranger (1745–1790), der zu Lessings *Nathan* ein Gegenstück *Der Mönch vom Libanon* (1782) verfasst hatte. Schiller nannte erst die endgültige Fassung 1805 so; er hatte 1801 Lessings *Nathan* in Weimar bearbeitet und inszeniert. – Im ersten Plan, dem *Bauerbacher Entwurf* 1783, stand „Trauerspiel" (NA 7 II, 183), in der Erstausgabe wie in der Hamburger Bühnenfassung *Dom Karlos* 1787 gab es keine Gattungsbezeichnung, in der *Rigaer Bühnenfassung* in Prosa 1787 hieß es „Trauerspiel". Je weiter die Arbeit voranging, desto mehr stellte Schiller fest, dass das Werk die gewohnten Maße überschreite. Er teilte deshalb im Mai 1786 im 3. Heft der *Thalia* im Zusammenhang mit der Veröffentlichung von Szenen des 2. Aktes mit, man werde bemerken, „dass der *Dom Karlos* kein Theaterstück werden kann"; da er höchste Wirkung errei-

		chen wolle, wäre „die Gattung wahrscheinlich das kleinere Opfer" (NA 6, 495). Insofern war „dramatisches Gedicht" auch ein Kompromiss, der sich auf beide Gattungen bezog.
S. 3	**Personen**	Sie werden in Auswahl vorgestellt; Personen, deren Handeln die im Personenverzeichnis ausgewiesene Funktion erfüllt (z. B. Graf von Lerma, Oberster der Leibwache), werden nicht genannt. Die Nationalausgabe (NA 7 II, 358 ff.) beschreibt sie historisch und literarisch.
	Philipp der Zweite, Elisabeth von Valois, Don Karlos	s. auch Kapitel 3.4 Personenkonstellation: Philipp II. (1527–1598) wurde bereits zu Lebzeiten zu einem legendären Herrscher, dessen Ruhm sich auch auf seine Ehefrauen (Maria von Portugal, Maria von Schottland, Elisabeth [Isabel] de Valois, Anna von Österreich[45]) und den Sohn Karlos (aus erster Ehe) auswirkte. Er wurde wegen seines rigorosen Kampfes für die katholische Kirche, gegen Andersgläubige wie die niederländischen Protestanten und gegen die Engländer bekannt. Seine Misserfolge – der größte war der Untergang der spanischen Armada (1588) – schienen seine dämonische Ausstrahlung zu verstärken. Die Beziehung Philipp – Karlos stellt einen typischen Vater-Sohn-Konflikt dar, mit dem sich alle anderen Handlungen verknüpfen. Don Karlos[46] wird in der Geschichtsschreibung als unterentwickelter, schwächlicher, aber jähzorniger Mensch geschildert, den Philipp von der Thronfolge

45 Anna von Österreich war nach Elisabeth von Valois ebenfalls dem Infanten Karlos als Frau versprochen worden; nach Elisabeths Tod 1568 heiratete Philipp II. sie, sodass „dieser König durch eine Art von Schicksal beide Prinzessinnen heiratete, die seinem Sohne bestimmt waren" (Schiller im *Thalia-Fragment* 1786; NA 6, 466).

46 Der Name „Karlos" korrespondierte mit „Karl", wie Schiller ebenfalls schrieb. An anderer Stelle und in Bühnenbearbeitungen schrieb er auch „Carlos". Siehe Fußnote 2 dieses Bandes.

	ausschließen wollte. Da Philipp die Darstellung von Königen auf dem Theater ablehnte, tauchte er erst nach 1600 in spanischen Dramen auf. Die Gestalt Karlos' hatte sich inzwischen in den Beschreibungen geändert: Aus dem verwirrten Infanten war ein leidenschaftlich Liebender geworden.
Prinzessin von Eboli	Schiller übernahm wenige biografische Daten, einige veränderte er zu seinen Zwecken: Anna de Mendoza (1540–1592) heiratete 1559 den Jugendfreund Philipps II., Ruy Gomez de Silva, der 1573 starb. Die Quellen berichten, dass sie in Hofintrigen Einfluss nahm. Sie soll gleichzeitig die Geliebte Philipps II., was andere Geschichtsschreiber als Verleumdung bezeichnen, und des Staatssekretärs Perez (s. Anm. zu **Domingo**, S. 57, 86 dieser Erläuterung) gewesen sein. Bei Schiller steht 1768 die Hochzeit mit de Silva noch bevor (435, 1755 f.).
Marquis von Posa	Mehrere Gestalten standen für die von Schiller erfundene Figur Pate. Ein Poza war unter Philipp II. Finanzpräsident. Zu den folgenreichsten Ereignissen in Philipps II. Regierungszeit gehört der Tod von Escovedo, auch als Marquis de Poza bekannt. Er war Sekretär bei Philipps Halbbruder Don Juan d'Austria, wusste um die Intrigen bei Hofe und soll, nach mehreren Quellen, Philipps Frau Elisabeth begehrt haben (NA 7 II, 362). Sein Mörder, Antonio Perez, erfüllte des Königs Auftrag. Perez hatte mit der Prinzessin Eboli ein Verhältnis (NA 7 II, 361), auch der König begehrte die Eboli, und so beseitigte Perez mit Escovedo einen Mitwisser. Auch Saint-Réals Schilderung des Egmont, der vor gekrönten Häuptern seine Freimütigkeit nicht aufgegeben habe, scheint Einfluss auf den Schiller'schen Posa gehabt zu haben.

Malteserritter	Angehöriger des Johanniterordens, der von 1530 bis 1798 in Malta residierte, das dem Orden von Karl V. als Lehen mit dem Auftrag übergeben wurde, ständig gegen die Ungläubigen zu kämpfen. Es ist der älteste geistliche Ritterorden (die Anfänge reichen bis ins 6. Jahrhundert zurück), der sich der Armen- und Krankenpflege widmete und bis zur Französischen Revolution seine Selbstständigkeit behauptete. Schiller wollte damit Posas „Unabhängigkeit von außen" erhalten, um seine „spekulative Schwärmerei", unter anderem für „republikanische Tugend", reifen zu lassen (2. *Brief über Don Karlos*, NA 22, 141).
Herzog von Alba	einflussreichster Politiker am Hofe Philipps II., schon unter Karl V. bemerkenswerte Gestalt unter den Höflingen (s. S. 96 dieser Erläuterung). Mehrere Quellen beschreiben ihn als eitel, vermessen, unbarmherzig, grausam, verschlagen und kriegskundig.
Herzog von Feria, Ritter des Vlieses	In verschiedenen Quellen erwähnt als Philipps Gesandter in London. – Der Ritterorden vom Goldenen Vlies geht zurück auf das goldene Widderfell der Kolchis (Ordenszeichen: durch einen goldenen Ring gezogenes goldenes Widderfell unter einem blau emaillierten goldenen Feuerstein, der von Flammen umgeben ist). Er ist einer der ältesten (gestiftet 1430) und angesehensten weltlichen Ritterorden und seit 1477 mit dem Haus Habsburg verbunden, seit dem spanischen Erbfolgekrieg 1714, in dem der Habsburger Karl VI. Spanien verloren hatte, wurde die Berufung in den Orden sowohl von Österreich als auch von Spanien vorgenommen. Voraussetzungen für die Verleihung waren alter Geschlechtsadel und Bekenntnis zur katholischen Religion. Seit Philipp II. durften Ritter auch ohne das Bekenntnis zum

	Katholizismus, also weltlich, und ohne strenge Begrenzung auf die Zahl der Ritter (zuerst 31, dann 52) ernannt werden.
Don Raymond von Taxis	Als General der Post in den Quellen erwähnt. Das verzweigte italienische Adelsgeschlecht, ab 1650 Thurn und Taxis, machte sich in Europa um die Organisation der Post verdient, denn ihm unterstand seit dem 15. Jahrhundert das Postwesen der Habsburger. Bei Schiller warnt er als Freund Karlos' (2469 ff.).
Domingo	Der ehemalige Inquisitor findet sich nicht in den Quellen, dafür wird dort von einem „berüchtigten Bösewicht" namens Dominique gesprochen (NA 7 II, 364). Dass Schiller den Dominikaner als Beichtvater bezeichnet, entspricht dem ursprünglichen Vorhaben des Dichters, die Unmenschlichkeiten der Inquisition wie Folter, Hinrichtungen und barbarische Haft zu entlarven, denn Beichtväter waren meist Franziskaner oder Augustiner, die Inquisition aber unterstand den Dominikanern. Die Macht Domingos gründet sich auf seine Nähe zum König. Im *Thalia-Fragment* 1785 sieht Karlos in ihm den „Teufel" in der „fürchterlichen Ordenskutte", einen Henker und Frauenschänder, einen „Schlächterhund des heiligen Gerichts" (NA 6, 357 f.; die Dominikaner führten im Wappen einen Hund mit brennender Fackel im Maul), der das Beichtgeheimnis verkauft usw. – Manche Bühnenfassungen ersetzten wegen der Zensur den katholischen Domingo (NA 7 I, 233) durch den intriganten weltlichen Staatssekretär Perez (s. S. 57 dieser Erläuterung), der historisch gesichert ist. In der Uraufführung trug D. keine nähere Bezeichnung.

	Der Großinquisitor des Königreichs	Die Inquisition (lat. inquisito = Untersuchung) war die Einrichtung der römisch-katholischen Kirche zur Verfolgung von Ketzern (Häretiker), aber auch andere abweichende soziale oder geistige Verhaltensweisen wurden verfolgt (Magier, Hexen, Juden). Sie wirkte vom 13. bis ins 19. Jahrhundert (s. S. 22 ff. dieser Erläuterung). – In den Quellen fand Schiller den Namen des „grand-inquisiteur" (Mercier, NA 7 II, 364) Kardinal Spinola (auch: Espinosa) und verwendete ihn in dem *Thalia*-Fragment 1786 (NA 6, 407). Der Namensverzicht weist den Großinquisitor als Typ aus, entsprechend dem Vorhaben, die Inquisition an den Pranger zu stellen. Schiller wollte den Großinquisitor gespielt haben von einem Schauspieler, den keiner kennt, ohne Mimik, nur deklamierend, mit starker Betonung des Textes (am 4. Juli 1787 an Friedrich Ludwig Schröder, als dieser die Gestalt wegen der Zensur weglassen wollte und Schiller sich für ihren Erhalt einsetzte; NA 7 II, 34 f.).
	Der Prior eines Kartäuserklosters	Prior = Klosteroberer; die Kartäuser, ein Schweigeorden, verpflichten sich zu völligem Redeverzicht, Fasten und Einsamkeit, sind aber gastfreundlich und wohltätig. Sie treffen sich nur zu den gemeinsamen Mahlzeiten und den Gottesdiensten. Auch bei Leisewitz spielten die Kartäuser eine Rolle.

Erster Akt

V. 1, 394	**Aranjuez**	Stadt und berühmte Frühlings- und Sommerresidenz, 47 km südlich von Madrid. Philipp II. begann 1560 den Bau: Der freizügige Sommersitz, bestimmt von „eine(r) einfachen ländliche(n) Gegend" (vor 316), dem „Landhaus der Königin" (vor 316), „Rosen" (415) und Alleen (vor 1, nach 315) steht im Gegensatz

		zum wuchtigen, drohend wirkenden königlichen Schloss in Madrid. Aranjuez erscheint paradiesähnlich (schöne Tage, der Himmel erfüllt Wünsche), voller „Stille" und in „ungezwungne(r) Sitte" (367 f.), das Schloss bösartig und teuflisch (1015 ff.).
11	**Toledos Mauern**	In Toledo, der Hauptstadt von Kastilien, huldigten 1560 Stände und Granden – Angehörige des spanischen Hochadels – dem Thronfolger Karlos.
15	**Sechs Königreiche**	Die Angabe kann unterschiedlich verstanden werden: Einmal handelt es sich um die Königreiche Kastilien, Aragon, Navarra, Neapel, Sizilien und Sardinien, aber Spanien beherrschte auch Jerusalem, Majorca (Mallorca), Minorca (Menorca) und West-Indien.
23, 291	**Acht Monde**	Vor acht Monaten, im September 1567, wurde Karlos von der Universität Alkala (Alcalá-de-Henares, die berühmteste Universität des Landes; 174) an den Hof zurückgerufen. Karlos' Studium war eine Verbannung vom Hofe, nachdem er sich kritisch über die Inquisition geäußert hatte (NA 7 II, 371).
54	**Saragossa**	Hauptstadt des ehemaligen Königreichs Aragonien und der Provinz Saragossa; 27 v. d. Z. römische Kolonie (Caesaraugusta). Der historische, von Schiller verwendete Vorgang spielte sich während der formellen Verlobung 1559 Elisabeths und Philipps II. am Hofe Heinrichs II. von Frankreich, Elisabeths Vater, ab (373), der dabei (während eines Turnierkampfes) tödlich verwundet wurde. Da die Braut noch zu jung für die Ehe war, nahm Philipp nicht an der Feier teil, es gab nur eine Zeremonie, bei der Alba Philipp vertrat. Schiller verlegt dieses Ereignis um etwa acht Jahre vor und überträgt es auf Philipp II., den er nur verletzt sein lässt,

		und die Königin Elisabeth, die sich mehr um Karlos als um Philipp sorgt.
81	**Purpur**	Farbe der Kardinalswürde; der katholische König von Spanien konnte beim Papst eine solche Erhöhung erreichen. Karlos spricht vom „ersten Purpur", da Philipps Vorgänger Karl V. Kaiser des Heiligen Römischen Reiches Deutscher Nation war und in *diesem* Amte Kardinäle vorschlug. Karlos sieht für Domingo sogar, wenn auch voller Ironie, eine Chance als Papst („auf Peters Stuhle", 104).
126	**die fürchterlichste der Entdeckungen**	Im sich anschließenden Gespräch mit Posa wird das Geheimnis gelüftet, Karlos gesteht: „Ich liebe meine Mutter." (271) Damit werden die „Ordnung der Natur" und die Gesetze der Kirche (277) außer Kraft gesetzt.
129	**Roderich**	Posa heißt Rodrigo; der Name wird erst später in Roderich geändert. Der Grund dafür ist vermutlich der jambische Vers, der „Mein *Ro* – de – *rich*" betont werden muss; mit Ro – *dri* – go wäre das kaum möglich bzw. lächerlich.
139	**Brüssel**	Karl V. hatte die Stadt zur Hauptstadt der Niederlande gemacht; unter Philipp II. wurde es der Hauptschauplatz des niederländischen Aufstands gegen Spanien. Hier wurde 1566 der Geusenbund geschlossen; die Inquisition und Herzog Alba wüteten grausam in der Stadt. Goethes *Egmont* spielt 1567 in Brüssel.
143	**Allgütigste**	Karlos dankt, wie es scheint, der Gottesmutter, dass sie ihm Posa wie einen Engel geschickt habe. Tatsächlich sind Karlos' Gedanken bei der Königin Elisabeth: Posa überbringt der Französin Briefe von ihrer Mutter aus Frankreich (503 ff.) und Botschaften aus Flandern. In Posas Parabel wird die von einem alternden Mann geehelichte Frau – also die Entsprechung zu Elisabeth – als „Engel" bezeichnet (594 f.).

154	**Ein unterdrücktes Heldenvolk**	Die niederländischen Provinzen gehörten zu den wirtschaftlich stärksten Regionen Europas. Unter habsburgischer Herrschaft fielen sie durch die Teilung der Länder Karls V. 1555 an Spanien und wurden eine wichtige Steuerquelle. Nachdem sich große Teile der Bevölkerung der Reformation angeschlossen hatten (693), begann 1566 der Unabhängigkeitskampf des Adels (Oranien, Egmont u. a.), der vom Bürgertum unterstützt wurde. Das spanische Militär wurde angegriffen, die Bilder in katholischen Kirchen gestürmt und wirtschaftliche Selbstständigkeit gefordert. Herzog Alba sollte die Bewegung militärisch niederschlagen. Zu diesem Zeitpunkt, im April 1568, setzt das Stück ein.
157	**Abgeordneter der ganzen Menschheit**	Durch die nie völlig beseitigte ständische Verfassung war das Bürgertum erstarkt, die Leibeigenschaft war abgeschafft, und der Adel ging bürgerlich zur Warenproduktion über. Insofern stellten die Niederlande zu diesem Zeitpunkt den fortschrittlichsten Teil Europas dar, zumal sie als See- und Handelsmacht einen Weltruf hatten. Posa entwickelt vor Philipp diesen Gedanken von einer ganzen Menschheit weiter (3195 ff.).
164	**Kaiser Karls glorwürd'gem Enkel**	Karl V. hatte die Niederlande gefördert und sich deshalb auch den Zorn des spanischen Adels und das Misstrauen der Inquisition zugezogen. Karlos hatte eine enge Beziehung zu seinem Großvater Karl, bei dem er sich häufig längere Zeit aufhielt und der auf seine Erziehung Einfluss nahm. Deshalb erwarteten die Niederländer von Karlos „Menschlichkeit" (167), besondere Fürsorge und die Verteidigung gegen die Ansprüche Philipps II., der durch Alba spanische Gesetzmäßigkeit in den Provinzen durchsetzen wollte.

176	**eines neuen goldnen Alters**	Zwei Bedeutungen kommen in Frage: Einmal gehört das *Goldene Zeitalter* zur Sage und beschreibt eine ideale Frühzeit, in der die Erde allen gehörte, es wurde alles für ein heiteres Leben erwirtschaftet, Laster und zerstörerische Leidenschaften gab es nicht. Für die Griechen und Römer war es ein Naturzustand unter der Herrschaft von Kronos; danach verschlechterte sich die Welt im silbernen, ehernen, heroischen und eisernen Zeitalter. Das mythische Goldene Zeitalter korrespondiert mit dem christlichen Paradies. Zweitens bezeichnete man das historische 16./17. Jahrhundert in Spanien, vor allem die Regierungszeit Karls V., als *Goldenes Zeitalter*. – Auch in anderen Werken Schillers findet sich die Vorstellung von den drei Zeitaltern, z. B. in den Gedichten *Die Götter Griechenlands* (1788) und *Die Künstler* (1789). Hier ist es ein Zeitalter der Schönheit, aus dem schöpferisches Wirken und Sehnsucht nach Vollkommenheit entstehen, die wiederum Kunst zu neuer vollendeter Schönheit führt.
182	**Du einz'ger Freund**	Die Freundschaft zwischen Karlos und Posa hatte zeittypische empfindsam-schwärmerische Züge. In den weiteren Bearbeitungen wurde das Thema zurückgenommen[47], das gleichzeitig in poetischen und philosophischen Schriften Schillers (Gedicht *Die Freundschaft*, 1782; *Philosophische Briefe*, 1786 u. a.) und in Briefen mit den Freunden, besonders Körner, behandelt wurde. Trotzdem wehrte sich Schiller im 3. *Brief über Don Karlos* gegen eine Hervorhebung, er habe für das Thema „Freundschaft" ein zukünftiges Werk vorgesehen. Freundschaft zwischen Karlos und Posa

---

47 Im *Thalia-Fragment* weint Karlos z. B., „an Rodrigos Busen sich lehnend", an Posas „Herzen blut'ge Tränen" (NA 6, 364). In der Endfassung sind davon nur „heiße Tränen" geblieben (181).

		sei bedingt als „Jugendfreundschaft" möglich gewesen, danach verhindere die Ungleichheit der Herkunft sie. Nur eine „akademische Freundschaft" (NA 22, 144) sei entstanden, die Posa als Spiegel benutzte; er sah „in diesem schönen Spiegel sich selbst und freute sich seines Bildes".
236	**Königin von Böhmen**	Maria, Schwester Philipps II., verheiratet mit Maximilian II., seit 1562 König von Böhmen, seit 1564 deutscher Kaiser.
277	**Ordnung der Natur und Roms Gesetze**	Die Ordnung der Natur gilt nicht, denn es handelt sich nicht um die leibliche Mutter, die Liebe führt also nicht zum Inzest; die Gesetze der katholischen Kirche (Rom) dagegen verbieten eine Beziehung zur Frau des Vaters. Gleichzeitig konfrontiert Karlos das Naturrecht mit dem gegensätzlichen, normierten Recht der katholischen Kirche.
347	**Furien**	römische Rachegöttinnen; griech.: Erinnyen. Die Furien Al(l)ekto, Tisiphone und Megaira sind Schicksalsgöttinnen und Töchter der Nacht. Sie wurden als Kinder des Uranos von der Erde verbannt, nachdem sie aus den Blutstropfen entstanden waren, die flossen, als Kronos mit einer steinernen Sichel Uranos entmannte. Auch Nymphen entstanden aus diesem Blut.
350	**labyrinthische Sophismen**	verwirrende Scheinbeweise, irritierende Spitzfindigkeiten. In seiner Rede *Die Schaubühne als eine moralische Anstalt betrachtet* (NA 20, 92–100) bietet Schiller Beispiele, wie Kunst den Menschen bessere oder ihn befähige, Schicksale zu ertragen und Bedrängnisse zu erkennen. So entfliege dem geängstigten Franz Moor in Schillers *Räubern* im Angesicht des Todes „seine treulose sophistische Weisheit" (Vgl. Franz Moors Monolog über die „sophistischen Weisheiten" NA 3, 222).

352	**gähem**	Der steile (jähe) Rand des Abgrunds, heute noch mundartlich als „gählings" (süddt., fränkisch) = plötzlich. Schiller verwendete das Wort im *Wilhelm Tell* und im *Fiesco*.
379	**Mondekar**	Der Sohn der M. ist Karlos' Page, sie selbst eine Vertraute der Königin. Einen Marquis von M. erwähnt eine Quelle (Watson). Allerdings las Schiller diese Quelle vermutlich erst nach den *Thalia*-Fragmenten (NA 6, 346), in denen die Marquisin schon genannt wird.
405	**la Trappe**	Name eines Zisterzienserklosters in der Normandie, benannt nach dem engen Eingang in das Tal La Trappe („Falltür"). Nach dem Verfall bis 1636 wurde das Kloster streng benediktinisch reformiert und erhielt harte Regeln. Die Trappisten arbeiten auf dem Felde, an der Herstellung ihrer Gräber, schlafen auf Stroh oder in Särgen und schweigen.
418	**Autodafé**	„Akt des Glaubens", öffentlich vorgeführtes Glaubensurteil und Bußübung. Die Verbrennung der „Ketzer" durch die Inquisition wurde wie eine Volksbelustigung behandelt. Das hier genannte Autodafé stand in den *Thalia*-Fragmenten 1786 am Beginn des 2. Aktes, wurde aber als Szene nicht ausgearbeitet (NA 6, 407). Die Königin war während der „Glaubenshandlung" ohnmächtig geworden.
435, 1755, 3960	**Gomez**	Rui Gomez de Silva, Prinz von Eboli, war Hofmeister Karlos'. 1568 war er mit der Eboli verheiratet und hatte mit ihr zehn Kinder. Im Stück soll die Eboli zwangsweise mit ihm verheiratet werden („der Kreatur verkauft", 1757). Das „große Siegel" (3961) war Zeichen seines Ranges „Großsiegelbewahrer"; alle Erlasse und Ernennungen des Königs mussten ihm zum Siegeln vorgelegt werden.

553	**Mirandola** u. a.	Stadt in Oberitalien in der Nähe Modenas. – Ghibellinen unterstützten im mittelalterlichen Italien die staufische (kaiserliche) Partei, Guelfen (Welfen) standen aufseiten des Papstes. – In einer Geschichte erzählt Posa verfremdet von der Spannung zwischen Geist und Macht, Frankreich und Spanien und der Beziehung Elisabeths, Philipps und Karlos'; literarische Vorbilder sind deutlich: das Dekameron, Shakespeare, Lessings Ringparabel, die auch in anderen Versen anklingt (552 entspricht Lessings *Nathan der Weise*, V. 1207 f.) u. a.
740	**Eskurial**	El Escorial, Schloss, Kloster und Begräbnisstätte der spanischen Könige, ca. 50 km nordwestlich von Madrid. Von Karl V. geplant, wurde es unter Philipp II. 1563–1584 gebaut, Karl V. fand darin seine Totenruhe („die Mumie des Toten", 739). Geweiht wurde der Palast dem Hl. Laurentius (San Lorenzo) und deshalb im Grundriss wie ein rechteckiger Gitterrost angelegt. In der Kirche kniet im Grabdenkmal Philipps II. der König mit seinen Frauen Maria von Portugal, Elisabeth von Valois und Anna von Österreich sowie Don Karlos.
862	**Die Sonne geht in meinem Staat nicht unter**	Die Habsburger regierten in Österreich, Spanien und anderen europäischen Gebieten (z. B. den Niederlanden); in ihrem Reich ging die Sonne nicht unter, da die überseeischen Provinzen Spaniens dazugehörten (große Teile Nord-, das gesamte Mittel- und die Hälfte Südamerikas; die Philippinen). Mehrere literarische Zeugnisse aus dieser Zeit beschrieben diese Tatsache, ehe Schiller sie Philipp II. in den Mund legte.
968	**Trotz des Bürgers**	Im *Thalia*-Fragment heißt es „Stolz des Bürgers" (NA 6, 59). Posa ist ein Adliger, „Bürger" im Sinne des Staatsbürgers. Aber „Bürger" enthält auch den neuen Selbstwert,

		den der Sturm und Drang entwickelte. Der Begriff des „Bürgers" war Absage an den Absolutismus und Zustimmung zu einem republikanischen Lebensgefühl. Im Vorwort zu den *Thalia*-Fragmenten hatte Schiller diesen Gegensatz benannt und „zwei höchst verschiedne Jahrhunderte" gesehen (NA 6, 345), Karlos will „Gleichheit" mit Posa (1008).

Zweiter Akt

1032 ff.	**den Zudringlichen**	Mit Beginn des 2. Aktes wird das königliche Schloss in Madrid den paradiesisch anmutenden Gärten von Aranjuez (1. Akt) entgegengestellt. Alba bekommt teuflische Züge zugeordnet: Er steht mit „bedecktem Haupt" (vor 1015), damit dem König ebenbürtig, schweigend und die Szene samt König beherrschend. Karlos beschreibt ihn als Teufel, der sich „unberufen" zwischen die Menschen drängt, der „in seines Nichts durchbohrendem Gefühle / So dazustehen sich verdammt" (1034 f.)[48]; Karlos möchte so etwas „bei Gott" nicht spielen. Alba sieht sich göttlich; er bezeichnet sich als Flammenengel (Cherub, 881) oder als richtenden Gott auf Erden (1430), der König nennt ihn einen „Teufel" (3810).
1104	**Ich fühle mich**	Die Formulierung entspricht dem Lebensgefühl des Sturm und Drangs; man bekennt sich zu seinen Gefühlen und kann über sie reflektieren, ist sich ihrer bewusst. Schiller fand den Satz in Leisewitz' *Julius von Tarent* und lässt ihn Karlos sprechen, der nach der

48 Den schwer verständlichen Vers erklärt die Nationalausgabe: „im durchbohrenden (durchdringenden) Gefühle seines Nichts" (NA 7 II, 389). Alba ist so getroffen und beleidigt, dass er gegenüber Karlos die gleichen Worte verwendet (1390 f.).

		Verpflichtung Elisabeth gegenüber mit Gefühl und geistiger Kraft die große Tat sucht, den Einsatz in Flandern.
1274	**Saint Quentin**	Sieg eines spanisch-niederländischen Heeres unter Graf Egmont über die Franzosen 1557. Philipp dankte Egmont für diesen Sieg. Als Egmont den Unabhängigkeitskampf der Niederländer unterstützte, ließ ihn Philipp 1568 jedoch verhaften und hinrichten (Thema von Goethes *Egmont*).
1381 ff.	**Die Reise / Geht über Mailand … Deutschland**	Das spanische Heer muss Frankreich – die Spannung zwischen beiden Ländern war traditionell und bedeutete für Philipp eine große außenpolitische Belastung – umgehen. Es werden die Reisestationen genannt, auf denen neue Truppen geworben werden sollen, die andererseits auf Albas Blutspur weisen. Im Schmalkaldischen Krieg (1546–47) hatte sich Alba mit den kaiserlichen Truppen in Deutschland besonders grausam aufgeführt („Recht, in Deutschland war es! / Da kennt man Sie!" 1383 f.). Nach dem Sieg Karls V. bei Mühlberg an der Elbe 1557 schlug Alba nach der Einnahme Wittenbergs vor, Luthers Gebeine auszugraben und zu verbrennen. Karl V. lehnte ab, er führe mit den Lebenden Krieg, nicht mit den Toten.
vor 1464	**idealischen Geschmack**	Die Eboli zeigt sich nach eigenem Geschmack im Sinne von kunstvoll gekleidet, nicht in der offiziellen Hoftracht, aber auch nicht in einer alltäglichen Kleidung. Die Szene lässt eine verführerische Kleidung ahnen.
1537 f.	**Gott! / Wo bin ich?**	Karlos glaubt an eine Verwechslung, dabei scheint der Plan der Eboli aufzugehen. Derartige Inszenierungen kannte Schiller aus Wielands Werken; sowohl im *Oberon* als auch im *Agathon* gibt es entsprechende Szenen.

1759	**Handelsmann i(m) Süden**	Mercier bezeichnet Philipp im Vorwort seines *Philipp*-Porträt als „Dämon in Süden"; Schiller veröffentlichte das von ihm übersetzte Vorwort (*Précis historique*) im 2. *Thalia*-Heft. Mercier begründete seine Bezeichnung damit, dass Philipp II. „mehr damit beschäftigt (war), den Samen von Unruhen und Streitigkeiten in ganz Europa auszustreuen, als diese selbst zu benutzen" (NA 7 II, 307). Karlos machte aus dem Dämon den Handelsmann: Die Bezeichnung zielt auf die Kommerzialisierung der Gefühle bei Philipp, der auch Elisabeth aus dynastischen Gründen geheiratet hatte. Die Eboli bestätigt, dass Liebe zur Ware geworden sei (1770).
1778	**des Rialto Gold**	Gemeint ist nicht die berühmte Brücke in Venedig, die es zur Handlungszeit noch nicht gab, sondern die Hauptinsel des Stadtgebietes, auf der reiche Kaufleute wohnten.
2020 ff.	**für eine neue Tugend**	Domingo unterstellt Karlos einen Glauben, den er zu Philipps Zeit nicht haben konnte. Es ist das Vernunft- und Naturrecht Rousseaus, das den Menschen um seiner selbst willen und nicht als Geschöpf Gottes verehrt. Das Denken kennzeichnet das Selbstwertgefühl und ist weitgehend autonom, also unabhängig von jeglicher Religion. Das Ziel ist der „aufgeklärte Fürst". Deshalb wiederholen sich diese Ideen in Posas Argumentation vor Philipp (3. Akt, 10. Auftritt). Karlos und Posa verbindet diese neue („hohe") Tugend (2462). – Die Tugend Philipps ist eine aus Staatsräson angewiesene: „Der Wille des Monarchen / Verleiht die Tugend wie das Glück" (2711 f.).
2042	**Gift der Neuerer**	In Philipps II. Regierungszeit machte die Inquisition seinem verstorbenen Vater Karl V. den Vorwurf, dass er mit deutschen Protestanten Verbindung gehabt, als Beichtväter Ketzer

		gewählt und im Testament keine frommen Stiftungen bedacht habe.
2070 f.	**Lilien / Von Valois**	Von 1179 bis 1789 schmückte die heraldische Lilie, auch Francica genannt, das Wappen der französischen Könige; Elisabeth war die Tochter Heinrichs II. von Frankreich.
vor 2221	**Kartäuserkloster**	Im Kloster des Schweigeordens („weitab von der Straße", 2226) wird die Freundschaft zwischen Karlos und Posa geheim gehalten und kann in den Intrigen Domingos, Albas und der Eboli keine Rolle spielen.
2467 f.	**Briefe nach Brabant**	Dieser Vers ist ein wichtiges dramaturgisches Element: Posa erfährt, auf welchem Wege er den König indirekt informieren kann. Er versucht, Karlos zu retten (4. Akt, 22. Auftritt), und nutzt diese Information dabei. Damit erscheint er schuldig und kann Karlos eine Frist zur Flucht verschaffen. Ohne diesen frühen Hinweis bleiben die Entwicklungen im 4. und 5. Akt un- oder missverständlich.

Dritter Akt

2614	**Eines Mannes Spur im Sande**	Die von Alba beschriebene Szene erinnert bis in Details an die Flucht Cherubinos aus dem Zimmer der Gräfin und die Enthüllung durch den Gärtner im 2. Akt von Mozarts *Die Hochzeit des Figaro* (Uraufführung: 1. Mai 1786). Auch die Erkenntnis Philipps, der Betrogene zu sein (2623 ff.), entspricht der Haltung des Grafen Almaviva.
2750	**Wunder**	Philipp erkennt, dass für Domingo, seine katholische Kirche und deren Inquisition Wahrheit und Lüge, Verbrechen und Wunder je nach Bedarf austauschbar sind. Gleichzeitig ist „Wunder" das Gegenteil von Erkenntnis durch Gedankenfreiheit (s. S. 102 dieser Erläuterung).

2771	**Ich bin der Bogen**	Das Bild von Pfeil und Bogen, die andere bedienen, findet sich mehrfach bei Schiller, so auch am Ende des *Wallenstein* (*Wallensteins Tod*), als Buttler, Wallensteins Mörder, sich als Pfeil bezeichnet, den Octavio Piccolomini abgeschossen habe.
2836	**Egmont**	Graf Egmonts (1522–1568) Sieg bei Quentin 1557 (Anmerkung zu 1274) ist vergessen, er war seit 1541 Feldherr in spanischen Diensten. 1558 hatte er zum Sieg der Spanier über die Franzosen bei Gravelingen beigetragen. Nun, nachdem er 1565 in Madrid die Einberufung der Generalstände gefordert hatte, die eine Reformierung der niederländischen Verwaltung durch Spanien durchführen sollten, und nachdem er 1568 an der Seite der niederländischen Aufständischen steht, wird Egmont zu den Toten geschrieben.
2861	**Ich verlor ihm eine Flotte**	Der Herzog von Medina Sidonia (1550–1615), Alonso Perez de Gusman, kommandierte die Armada, hatte aber im Seekrieg wenig Erfahrung. So verlor er durch Angriffe der Engländer, durch Klippen und Sturm 70 Gallionen (die stärksten Segelkriegsschiffe); die Vormacht der Spanier als Seemacht war seither gebrochen. Schiller verlegte den Untergang der Armada von 1588 ins Jahr 1568, um Philipps Scheitern in Familie und Politik zu illustrieren.
2872 f.	**des Ordens / Von Calatrava**	Der 1163 gegründete Orden wurde nach dem Schloss Calatrava benannt. Die Ritterstellen waren die wichtigsten und reichsten Ehrenstellen für einen spanischen Edelmann. Seit 1523 waren die Könige Großmeister, konnten aber den Titel übertragen; Philipp belehnt Alba und stellt damit das alte Vertrauensverhältnis wieder her, macht aber gleichzeitig seine Stellung gegenüber den Granden deutlich.

2902 ff.	**Soliman** u. a.	Malta (seit 1522 Sitz des Malteserordens)) wurde 1565 vorübergehend von den Türken erobert. Der türkische Sultan Suleiman II. (1495–1566) beherrschte durch seine Admirale Piali und Mustapha, unterstützt von Seeräubern wie Ulucciali und Hassem, das Mittelmeer. La Valetta hatte als Sitz des Malteserordens die Ordensritter aus Europa zur Verteidigung gerufen. Am 30. Juli 1565 nahmen die Türken die Festung Sankt Elmo ein. Im September wurden die Türken durch spanische Truppen vertrieben (vgl. Schillers Fragment *Die Malteser*, S. 35 dieser Erläuterung.).
2921	**Verschwörung / In Catalonien**	Die Quellen berichten von einer Adelsverschwörung 1559 in Kastilien; der Adel wollte seine Rechte gegen den König behaupten, scheiterte aber. Dadurch wurde die Macht des Königs gefestigt und die Granden völlig der Krone unterworfen. In Katalonien hatte es zuletzt 1462 eine Verschwörung gegeben.
2973 f.	**Sein oder nicht – / Gleichviel!**	Die Wendung erinnert an Hamlets berühmten Satz aus dem Monolog im 3. Akt, 1. Auftritt: „To be or not to be: that is the question.“ (Sein oder Nichtsein, das ist hier die Frage.), aber im Gegensatz zum zweifelnden Hamlet entschließt sich Posa mit diesem Satz zum Handeln, das allerdings ebenfalls Sieg oder Niederlage bringen kann. Auch andere szenische Einfälle verweisen auf *Hamlet* (so der Vorschlag, Karlos solle als Gespenst erscheinen).
3037 ff.	**Ich liebe / Die Menschheit, und in Monarchieen darf / Ich niemand lieben als mich selbst**	Posas Absage an die Monarchie folgt Ideen Charles de Montesquieus (*De l'esprit des lois* [*Vom Geist der Gesetze*] 1748), der im 3. Buch, 5. und 6. Kapitel geschrieben hatte: „In den Monarchien lässt die Politik die wichtigen Sachen mit so wenig Tugend, als sie nur kann, bewerkstelligen ... Der Staat besteht ohne Liebe zum Vaterlande, ohne Verlangen nach

		wahrhafter Ehre, ohne Entsagung seiner selbst ...". Schiller übertrug die von ihm anerkannten Ideen Montesquieus auf Posa, der für Gesetze eintritt, die auf Menschenrechte statt auf feudale Willkür gegründet sind und nicht den einzelnen Herrscher, sondern die gesamte Menschheit betreffen.
3081	**Gemälde**	Posa entwirft das „Gemälde" einer idealen Zukunft, in der „Bürgerglück" und „Fürstengröße" versöhnt miteinander „wandeln" (3152 ff.), nachdem er zuvor im Kabinett des Königs „in ruhiger Betrachtung vor einem Gemälde" gestanden hat (nach 2974).
3175	**Elisabeth**	Elisabeth I. (1533–1603), seit 1558 Königin von England, setzte sich als Politikerin gegen männliche Macht durch. Sie verfolgte gnadenlos die Katholiken, der Papst schleuderte den Kirchenbann gegen sie, und 1568, im Jahr, in dem Schillers *Don Karlos* handelt, nahm sie Maria Stuart gefangen. Sie nahm die aus spanischen Landen Flüchtenden, also auch Niederländer, auf.
3178	**Grenada**	Granada war unter arabischer Herrschaft (8.–15. Jahrhundert) zum Sinnbild ökonomischer und geistiger Blüte ganz Spaniens geworden. Aber die zur Taufe gezwungenen Mauren, worunter man die„neue(n)... Christen" (3178) verstehen kann, verließen Spanien und brachten ihre Kenntnisse nach England. Die Formulierung träfe auch auf die protestantischen Niederländer zu, Grenada stünde dann für Spanien insgesamt.
3179 ff.	**seinen Feind / ... sich verbluten**	Posa wendet einen Gedanken Rousseaus aus dem 18. Jahrhundert auf das Spanien Philipps II. des 16. Jahrhunderts an. Rousseau hatte im *Gesellschaftsvertrag* (3. Buch, 9. Kapitel) erklärt, dass die Zunahme der Bevölkerung

		eines Landes „ohne fremde Mittel, ohne Naturalisation und ohne Kolonien" zu den wichtigsten „Kennzeichen einer guten Regierung" gehöre, während die „schlechteste" dadurch auffalle, dass unter ihrer Herrschaft ein Volk dezimiert werde (vgl. Berliner Ausgabe, Bd. 3, S. 925 und NA 7 II, 433).
3191, 3274	**Nero und Busiris**	Claudius Caesar Nero (36–68 n. d. Z.) war ein wegen der grausamen Christenverfolgung berüchtigter römischer Kaiser; Busiris (Buseiris), Sohn des Poseidon, war ein legendärer ägyptischer König, der alle Fremden schlachten ließ und von Herakles erschlagen wurde.
3216	**Gedankenfreiheit**	Zentraler Begriff der europäischen Aufklärung (NA 7 II, 332 ff., 434 f.). Die französische *Enzyklopädie* (1751–1772) beschreibt „Denkfreiheit – Liberté de penser": „Die wahre *Denkfreiheit* schützt den Geist vor Vorurteilen und Voreiligkeit." Sie erkenne nur an, was wahrscheinlich sei, und lehne Wunder ab. Vor allem sammle sie alle Kräfte „gegen die Vorurteile, die uns die Erziehung in unserer Jugend in Bezug auf die Religion annehmen ließ."[49] Gedanken- oder Denkfreiheit wurde von der Aufklärung als ein ursprüngliches Recht der Menschheit verstanden. Preußen erschien als ein Land, in dem aufklärerische Ideen bis zur Religionsfreiheit umgesetzt werden konnten; Friedrich II. mit seinem tolerant wirkenden Verhalten, das sich aber nicht in der Gesetzgebung auswirkte, galt als Verkörpe-

49 *Artikel aus der von Diderot und d'Alembert herausgegebenen Enzyklopädie*, Auswahl und Einführung von Manfred Naumann. Leipzig: Reclam, 2. Aufl. 1984, RUB Bd. 90, S. 582 f.

		rung des aufgeklärten Herrschers. – Vor Schiller verwendeten den Begriff Wieland, Herder, Nicolai, Goeckingk und Johannes Kern (*Briefe über die Denk-, Glaubens-, Red- und Pressfreiheit*, 1786), Schiller fand ihn auch in seiner Quelle Mercier (2. *Thalia*-Heft 1786: Auszug aus Merciers Vorwort *Précis Historique*; NA 7 II, 434 f.).

Vierter Akt

3393	**Sekte**	Der Begriff meint eine kleinere Gemeinschaft mit religiöser oder politisch-ideologischer Ansicht, die von einer verbreiteten Ansicht abweicht. Posa bezieht „Sekte" auf den Sonderling und mit der „Tracht" dessen Auftreten, wie er es bisher im Umgang mit dem Hof gehalten hat.
3472 f.	**Alle Niederländer stehen / Auf ...**	Posas Entwürfe lassen auf eine planmäßige Vorbereitung des Aufstandes schließen, zumal er anschließend auf Egmont und Oranien als Partner und auf Karlos' Verbindung zu den Rebellen in Gent (3904) verweist. Ob es Beziehungen zwischen Karlos und den Aufständischen gab, ist unklar: Schillers Quelle Saint-Réal beschreibt sie, andere Quellen sprechen nur von Vermutungen.
3696	**Saint Germain**	Das zu den schönsten Schlössern in der Umgebung von Paris gehörende Anwesen, eine Festung, wurde unter Heinrich II. zum Lustschloss umgebaut. Heinrich II. – Elisabeths Vater –, Karl IX. und Ludwig XIV. wurden hier geboren. Zehn Jahre (1548–58) lebte Maria Stuart in dem Schloss.
4104 f.	**Graf / Von Kordua**	eingedeutschte Schreibweise von Córdoba: Provinz, Stadt. Saint-Réal nennt einen Don Diego von Cordova.

4132	**Noch gibt's ein andres Mittel!**	Die Eboli zu ermorden, wäre feig. So kommt Posa, sich erinnernd an Karlos' Hinweis auf die geöffnete Post (2469 ff.), der Einfall, durch eine Intrige sich statt Karlos als Geliebten der Königin bei Philipp zu denunzieren; er startet eine Briefintrige (4. Akt, 22. Auftritt).
4199	**Marienkloster**	Tatsächlich steigerte sich nach dem Tod Elisabeths der Einfluss der Eboli, bis sie sich 1573 nach dem Tode ihres Mannes zurückzog. Philipp rief sie jedoch an den Hof zurück, wo sie gleichzeitig mit ihm und dem Staatssekretär Perez ein Verhältnis hatte. 1579 wurde sie gestürzt, als Philipp von diesem Verhältnis erfuhr. Die Eboli wurde nach Pinto verbannt und durfte erst 1581 in ihren Palast zurück. Hier starb sie 1592.
4414	**wie ängstlich, wie verlegen**	Die Beschreibung widerspricht Posas Charakter; Posa hat sich absichtlich ängstlich gezeigt, weil er so sicher sein konnte – Karlos hat es ihm früher gesagt (2466 ff.) –, dass der Brief den König erreicht und jeglichen Verdacht, was Flandern und das Verhältnis zur Königin betrifft, von Karlos nimmt.
4455	**der Kortes**	span.: cortes (Mehrzahl von corte) sind die Vertretung von Geistlichen, Fürsten, der Stände und der Bevollmächtigten des Volkes. Allerdings waren sie von Karl V. weitgehend entmachtet worden. Heute: Parlament.
4461 f.	**er wird / Ihn rufen lassen**	Die Situation ist gekippt. Bisher hatte Posa die besondere Gunst, „ungemeldet vorgelassen" (3354) zu werden. Jetzt muss er warten und Alba hat wieder den Vortritt.

Fünfter Akt

4747	**Brandmal**	Der Begriff wird vielfältig verwendet (Kennzeichnung von Tieren, früher auch von Sklaven, von Eigentum usw.). Hier bedeutet B., dass damit Verbrecher gekennzeichnet wurden. Das geht auf das Kainszeichen zurück, mit dem Gott Kain strafte, damit ihn jeder als Brudermörder erkenne (1. Mose 4, 15).
4774	**nur Einer – Einer**	Gemeint ist Christus. Karlos vergleicht Posa mit Christus und Philipp mit dessen Mördern. Posa bekommt messianische Züge und seine Pläne werden zum Jahrhundertvorhaben.
4903	**Geist des Kaisers**	Parallele zu Shakespeares *Hamlet*, wo Hamlets Vater als Geist erscheint.
5126	**Hieronymitermönch**	Einsiedler des Hlg. Hieronymus. Karl V. lebte nach seiner Abdankung 1557 im Hieronymiterkloster San Jeronimo de Vuyate (eines der Hauptklöster des Ordens) in der Provinz Caceres, in dem er auch starb. Die Ordenstracht war ein weißer Rock, schwarze Kapuze und schwarzes Skapulier.
5157	**Santa Casa**	lat.: Heiliges Haus; hier: Gefängnis und Behörde der Inquisition.
5251	**Den Schatten Samuels**	Saul lässt den Schatten Samuels beschwören. Samuel verkündet als Strafe für Sauls Ungehorsam gegen Gott den Verlust der Herrschaft Sauls an David (1. Samuel, 28, 3–20). Der Großinquisitor weist darauf hin, dass die Kirche über die Krone herrscht und droht Philipp mit Strafe.

3.6 Stil und Sprache

ZUSAMMENFASSUNG

- → Die bekannte Fassung des *Don Karlos* ist im Blankvers geschrieben, der viele metrische Möglichkeiten schafft.
- → Die Verse arbeiten mit Lautmalerei.
- → Das Stück wird wesentlich von Abstrakta getragen, die antithetisch organisiert werden und so repräsentativ für Grundmuster des Verhaltens sind. Besonders zwischen Posa und Philipp besteht eine solche Beziehung.
- → Aufmerksamkeit ist für die anspruchsvollen Begriffe aus Ethik und Moral notwendig, die meistens heute eine andere oder kaum noch Bedeutung haben.
- → Zwischen Vers und Regieanmerkung besteht eine spannungsreiche, sich gegenseitig ergänzende Beziehung.
- → Ironie bekommt eine interpretatorische Bedeutung.

Versfassung und Prosafassung

Die Versfassung in „reimfreien" Jamben, Blankversen, ist trotz der ebenfalls vorhandenen ursprünglichen Prosafassung dominierend und lässt die Abwendung vom rhythmischen Prosa-Pathos der Sturm-und-Drang-Dichtungen erkennen. Sie ist Ausdruck eines „vollkommenen Dramas". Der **Blankvers**, auch jambischer Pentameter, setzte sich in Deutschland im 18. Jahrhundert durch; er besteht aus zehn (männlicher Vers) oder elf (weiblicher Vers) Silben. Schillers Studium der französischen und englischen Dramatiker und seine Anerkennung von Lessings *Nathan der Weise* wirkte sich aus.

Flexibler Jambus

Bereits der Beginn des *Don Karlos* zeigt, wie flexibel der Jambus ist und wie er sich durch die möglichen Freiheiten aus der Prosa herleiten lässt oder in diese zurückfallen kann: Würden Domingos erste Verse jambisch gesprochen, entstünde eine unnatürliche Betonung wie bei „**A**ra**n**ju**ez**", „**kö**nig**li**che" und „**hei**ter**er**". Noch vor der Uraufführung fragte Schiller den Regisseur der Uraufführung Schröder, ob er das Stück „Prosa für Ihre Bühne verwandeln muss", weil die Schauspieler die „Jamben schief deklamieren" (NA 7 II, 25). Der Jambus ermöglicht zudem einen leichten Umgang mit dem Enjambement (Zeilensprung = ein Satz/Gedanke geht über mehrere Verse), wie Domingos Eröffnung (1–10) zeigt. Schließlich bietet er die Möglichkeit, mehrere Sprecher – hier Domingo und Karlos – in einen Vers einzubinden: „Karlos: ... Ein Muttermord. / Domingo: Ist's möglich, gnäd'ger Prinz?" (33)

Lautmalerei

Die Verse weisen Lautmalerei auf, die Martin Opitz[50] als poetisches Mittel beschrieben hatte, und Vokalklang. Während au-, u- und o-Laute dumpf, von unten, auch drohend klingen, werden die a- und ö-Laute als wohltönend verstanden, und der i-(ei-)Laut assoziiert Höhe, Helle und Heftigkeit; der e-Laut ist meist bedeutungslos, da er eine Abstumpfung vollklingender Vokale ist („brennen" aus got. brinnan, branjan): „... l**a**ss **u**nter T**au**senden, / Die **u**m der H**o**h**ei**t S**o**nnensch**ei**be fl**a**ttern, / Den **Ei**nz**i**gen m**i**ch f**i**nden." [Hervorhebung nicht im Original] (2826 ff.) Die Verse stammen aus Philipps Gebet, dessen hymnischer Charakter durch die Vokale unterstrichen wird: Aus dem Dunklen steigt der Wunsch nach einem Freund zum Licht. Der Vorgang wiederholt sich, als Posa dieser Einzige werden soll: „Wie komm ich aber hieher? – Eigensinn / Des l**au**nenhaften Z**u**falls w**ä**r es n**u**r, / W**a**s m**i**r m**ei**n B**i**ld **i**n *diesen* Sp**i**egeln z**ei**gt? / Aus **ei**ner M**i**ll**io**n ger**a**de m**i**ch ..." (2956 ff.).

---

50 Martin Opitz: *Buch von der deutschen Poeterei* [1624]. Halle: Niemeyer, 1955, S. 27 f.: „Weil ein Buchstabe einen anderen Klang von sich gibt als der andere, soll man sehen, das man diese zum offteren gebrauche, die sich zu der Sache, welche wir für uns haben, am besten schicken."

Umfangreiche, von Abstrakta getragene Dialoge

Das Stück wird von außergewöhnlich umfangreichen Dialogen bestimmt, die wiederum wesentlich von Abstrakta getragen werden. Sie entstammen den **ethischen Begriffsfeldern** des aufklärerischen und klassischen Denkens, bringen Naturrecht, Menschenrecht und Philosophie ein. Dafür stehen zum Beispiel Begriffe wie „Tugend" (762, 836, 958, 1001, 3103 usw. bis 4535, 5078, 5308) und „Glückseligkeit" (3276) – der Begriff steht mehrfach in der Eröffnung der amerikanischen Unabhängigkeitserklärung und wurde bereits 1775 von Schubart verwendet (s. S. 28 dieser Erläuterung), vor allem aber das dominierend angelegte Wortfeld „Mensch" (3. Akt, 10. Auftritt). „Natur" und „Kunst" stehen für den Gegensatz von Freiheit, Ungezwungenheit und Entfaltungsmöglichkeit einerseits und Unterdrückung, Formenzwang und Beschränkung andererseits. Diese Begriffe werden oft wiederholt, um vom Publikum aufgenommen zu werden. Den Höhepunkt des philosophischen Diskurses bildet die Audienzszene zwischen Philipp II. und Posa (3. Akt, 10. Auftritt). Posa wird zum Sprachrohr Schillers. Wenn er sich „Bürger dieser Welt" (3007) nennt, der kein „Fürstendiener" (3022) sein könne, wiederholt er Schillers Bekenntnis vom März 1785, „Weltbürger (zu sein), der keinem Fürsten dient" (*Ankündigung* der *Rheinischen Thalia* = *Thalia*, 1. Heft 1785; NA 7 II, S. 427 f.; NA 22, 93) und schafft den grundsätzlichen Gegensatz der vorrevolutionären Zeit: Bürger – Fürst.

Posa und Philipp vertreten zwei Gruppen, die sich sprachlich gegensätzlich äußern. So entstehen „zwei Reihen", die sich antithetisch zueinander verhalten, „wobei ihre Differenz als Wertgegensatz hervortritt. Aufbau und Verhältnis der beiden Reihen lassen sich durch ausgewählte Lexeme verdeutlichen:

Tugend, reines Feuer	Laster, erhitztes Blut
Liebe, Freundschaft, Vertrauen	Berechnung, Politik, Argwohn
Mensch, Bürger	Zahl, Untertan
Schöpfer, Sonderling, Werk	Kreatur, Maschine, Amt
Philosoph, Wahrheit	Majestät, des Thrones Größe
Begeisterung, Freiheitssinn	des Staubes Weisheit, Gehorsam
Nationenstolz	Vaterlandslosigkeit
Gesetz, Gnade, der Christenheit gezeitigte Verwandlung	Blutgericht, Rache, Inquisition
Völkerfrühling, künftige Jahrhunderte	Verwesung, des Jahrhunderts Ende
Glück, Paradies, Schöpfung, Gott	Schrecken, teufelvolle Hölle, nachgeahmte Schöpfung, der Erde Gott."[51]

Poetisch-gehobene Sprache

Schiller Sprache ist poetisch und gehoben; die teils schrecklichen Vorgänge wie Morde, Intrigen und Demütigungen werden auf eine poetische Stilebene gehoben und literarisiert: „In Worten / Erleichtert sich der schwer beladne Busen." (321 f.) Die verwendeten anspruchsvollen Begriffe, die zum Rhythmus und zur Klangfülle, zur Ordnung und Reinheit streben, müssen vom heutigen Leser mit den ihnen zustehenden historischen Inhalten gefüllt werden, um sie von der Entwertung, die sie besonders im 20. Jahrhundert erlebt haben, zu lösen. Begriffe wie „Vernunft", „Menschlichkeit", „Freiheit", „Schönheit", „Würde" und „Erziehung" tragen heute verschwommenen oder wenig Inhalt, klingen schön und bedeutungsvoll, verpflichten aber zu nichts mehr und werden wie Versatzstücke behandelt. Besondere Bedeutung bekommt das Wortfeld

51 Hans-Georg Werner: *Vergegenwärtigung von Geschichte in Schillers ‚Dom Karlos'.* In: Brandt, S. 245 f.

„Mensch“: Posa antwortet im Gespräch mit Philipp durchgehend mit Komposita oder Ableitungen zu „Mensch“ (2999, 3038, 3047, 3049, 3053, 3092 u. v. m.); diese Verwendungen weisen auf den Einfluss Rousseaus hin. Von Bedeutung ist der Begriff „Bürger dieser Welt“ (3007). Zuerst erscheint der „gute Bürger“ (2987), daraus leitet Posa den Weltbürger[52] aus seinen Vorstellungen von Unabhängigkeit ab und nimmt ihn für sich in Anspruch, bei Distanz zum „Fürstendiener“ (3022, 3065).

Rekonstruktion der historischen Semantik

Um Schillers Werke zu verstehen, müssen diese Begriffe in ihrem historischen Kontext begriffen und ihre Semantik wieder gelernt werden. Die Unterschiede zwischen Schillers Sprache und der heutigen sind beträchtlich, wie folgende Beispiele zeigen: „Naiv“ in Schillers *Über sentimentalische und naive Dichtung* hat nichts mit „unerfahren“ oder gar „dumm“ zu tun, sondern bezeichnet einen Widerspieglungsvorgang und ein Verhältnis zur Wirklichkeit; „Freiheit“ meint ein Ziel, bei dem individueller Anspruch und gesellschaftlich-soziale Notwendigkeit übereinstimmen. (Vgl. „Tugend“, S. 97 dieser Erläuterung; „Gedankenfreiheit“, S. 102 dieser Erläuterung.) Schon Wieland hatte, als er für den Herzog Karl August von Sachsen-Weimar-Eisenach 1785 ein Gutachten über die veröffentlichten Teile des *Don Karlos* (aus dem 1. Akt) anfertigen musste, seine Schwierigkeiten mit Schillers abstrakten Begriffen; er hielt die Sprache „sehr weit von dem entfernt (...), was nach meinem von Sophokles und Racine abgezogenen Ideal die schöne Sprache der Tragödie sein soll“ (NA 7 II, 505).

Gegensatz von Rede und Regieanmerkung

Zwischen Rede (Monolog, Dialog) und Beschreibung (Regieanmerkungen) besteht ein spannungsreicher Gegensatz. Während der gesprochene Text stilistisch gehoben, pathetisch und ideenvoll an-

52 Der Begriff wird auch zeitgemäß von Wieland verwendet und aus „Kosmopolit“ übersetzt (NA 7 II, 328).

gelegt ist – durch den historischen Abstand erscheinen zahlreiche Begriffe sogar archaisch –, **beschreiben die Regieanmerkungen Ausbrüche und Zerstörungen, weisen menschliche Affekte aus**, die sich im gesprochenen Wort nicht oder nur euphemistisch finden. Die Regieanmerkungen übernehmen eine kommentierende und erklärende Funktion zu den Versen, sie erscheinen modern: Karlos „fährt mit der Hand über die Stirne“ (vor 30), „fängt an heftig zu zittern, und wechselweise zu erblassen“ (nach 1265) oder stürzt „außer Fassung durchs Zimmer ... und (wirft) die Arme zum Himmel empor ...“ (nach 1291) oder „geht in schrecklicher Bewegung auf und nieder“ (vor 3950) usw., die Eboli „steht stumm und verwirrt“ (448) oder „schreit laut und fällt“ (nach 1857) oder „steht noch betäubt, außer Fassung“ (vor 1887), die Königin ist in „wachsender Verwirrung“ (622) oder „in sprachloser Erstarrung“ (3707), Philipp ist „in düstres Nachdenken versunken“ (nach 1236) oder schaut „mit zerstörten Blicken“ (2501), steht „in einer schrecklichen Bewegung“ auf (nach 2580), gleich danach nochmals „schrecklich auffahrend“ (2613) und „aus einem finstern Nachsinnen zurückkommend“ (2622). Bewegungen sind oft „heftig“, die Blicke „finster“, „scheu“, „starr“ oder „durchdringend“. Ausgenommen davon ist nur Posa, der „ohne Zeichen der Verwirrung“ (vor 2975) vor dem König steht, der dagegen „verwirrt zur Erde sieht“ (vor 3143). Selbst bei der Verhaftung des Freundes gelingt es ihm, „mit Mühe seine Fassung (zu) behalten“ (4106); erst als sein Spiel verloren ist, erscheint er „mit zerstörtem Gesicht“ (nach 4202). Es besteht ein deutlicher Gegensatz zwischen rhetorischer Äußerung und mimisch-gestischem Verhalten.

Erklärende Funktion

Gegensatz von rhetorischer Äußerung und mimisch-gestischem Verhalten

Zu den rhetorischen und stilistischen Mitteln gehört die **Ironie**. Schiller macht auf das bei ihm selten eingesetzte Mittel aufmerksam, wenn im Dialog mit Alba Karlos' Rede „nicht mit Ironie“ (1370) versehen sein soll. Im Gespräch mit Domingo hatte Karlos schon

Ironie

Beispiele seiner Ironie gegeben (66 ff., 99 ff.). Ironie bezieht sich dabei auf die Sprechsituation, in der das Gegenteil des Gemeinten gesagt wird. In solchen Szenen agiert bevorzugt Karlos. Er bewertet die ihm vorgeschriebenen Verhaltensmuster ironisch als „Possenspiel des Ranges" (931), denen er sich zu entziehen versucht. Da Karlos zur Ironie fähig ist, hat Schillers Hinweis „nicht mit Ironie" (1370) seine Berechtigung. Karlos begegnet Domingo („Ich bewundre / Des Königs lust'gen Beichtiger ...", 66 f. und öfters) und Alba („Den Vortritt hat das Königreich.", 1015; 1439 ff.) ironisch, urteilt ironisch über seinen Vater („Willkommner Vorwand mich entfernt zu halten!", 911), parliert anfangs ironisch mit der Eboli (1573 ff.). Er könnte sich vorstellen, selbst ironisch behandelt zu werden („... treibe keinen Spott mit mir", 1271). Nachdem Karlos von Posa im 3. Akt als Handlungsträger abgelöst wird, verliert sich die Ironie.

3.7 Interpretationsansätze

ZUSAMMEN-FASSUNG

- → Schillers *Don Karlos* ist ein bedeutendes politisches Drama der deutschen und der europäischen Literaturgeschichte.
- → Es beschreibt eine unstatthafte Liebe, handelt von den grausamen Unterdrückungsmethoden der Inquisition und stellt den bürgerlichen Menschen als neuen Weltbürger heraus, aufklärerischen Ideen folgend.
- → Das Stück ist jedoch auch ein Kriminal- und Intrigenstück aus dem 16. Jahrhundert.
- → In Schillers Schaffen nimmt es eine Zwischenstellung ein, die besonders in seiner Beziehung zum Sturm und Drang und der Klassik deutlich wird.
- → Es ist ein Stück des Scheiterns aufklärerischer Ideen, aber ein Stück der Bestimmung eines politischen Freiheitsbegriffs.
- → Die Beziehung zwischen dem Stück und den zugehörigen *Briefen* macht die geistige Entwicklung Schillers zur Klassik deutlich.

Politisches Drama

Schillers *Don Karlos* ist eines der bedeutendsten politischen und weltanschaulichen Dramen der deutschen, ja der europäischen Literaturgeschichte. Der Inhalt umfasst sowohl eine Liebesgeschichte als auch eine Kriminalhandlung, spielt auf dem weltpolitischen Parkett und in den Abgründen der Inquisition. Die Vielschichtigkeit des Werkes, seine ästhetischen Schönheiten und seine sozialgesellschaftlichen Entwürfe, seine differenzierten Charaktere und seine sprachlichen Qualitäten lassen es zu einem unerschöpflichen

Text der Literatur, der Philosophie und der Geistesgeschichte werden.

Tabuthema Inquisition

Frühzeitig benannte Schiller den politischen Ansatz zum *Don Karlos*; eine Hauptgestalt sei die „eines grausamen heuchlerischen Inquisitors" (Brief vom 27. März 1783 an Reinwald, NA 23, 74 ff.). Die Inquisition, ein in der Literatur bis dahin weitgehend tabuisiertes Thema, beschäftigte Schiller von Anfang an und drängte sich allmählich vor, um schließlich eine Art Rahmen des Stückes (Domingo, Großinquisitor) zu bilden. – Leidenschaften wie Liebe, Eifersucht, Hass, Misstrauen und Freundschaft, religiöser menschenverachtender Fanatismus, brutale militärische „Henkersknecht(e)" (162) und blutiger Terror der Inquisition wurden mit aktuellen Ideen der Freiheit, Gleichheit und souveränen Bürgerlichkeit verbunden. Personen des Stückes vertraten über ihre private Existenz hinaus epochale Vorstellungen, wie sie die Aufklärung entwickelt hatte, allen voran der Marquis von Posa.

Schiller hatte einen ausgeprägten Sinn für Geheimnisse, Sensationen und kriminalistische Vorgänge; daraus ergeben sich auch die Elemente eines analytischen Dramas zu Beginn. Sie werden in der Eröffnung deutlich: In der Rede Domingos (1 ff.) wird Karlos' bisheriges Leben erinnert und von einem Geheimnis gesprochen, das man erfahren möchte („rätselhaftes Schweigen", „Kummer", „Rätsel", „Angst" usw.). Damit wird ein durchgehendes Wortfeld geschaffen, das Spannung erzeugt. Auf den Zusammenhang von Intrige und Kriminalität weisen Briefe, Fälschungen und Verwechslungen hin, bis hin zum Brechen des Beichtgeheimnisses und dem Einbruch in die Schatulle der Königin. Schiller hatte einen Sinn für Sensationen, besonders für Verschwörungen – seine ersten Stücke *Die Räuber* und *Fiesco* leben davon – und für **„Verbrechen"**: Er bezeichnete damit im Vorwort zu den *Thalia-Fragmenten* „eine Leidenschaft, wie die Liebe des Prinzen, deren leiseste Äußerung Verbre-

Zusammenhang von Intrige und Kriminalität

chen ist“ (NA 6, 344); diese Leidenschaft sei „frevelhafte(r) Durst“, den „nur das abscheulichste Verbrechen löschte“ (NA 6, 351). Die Verse hat Schiller später getilgt. „Verbrechen“ ist bei Schiller das gegen die Norm, **gegen das Gesetz gerichtete Verhalten**. Er hatte als Autor eine Neigung für Verschwörer und Verbrecher, nicht für Tugendhelden; seine Neigung gehörte Wallenstein und nicht Gustav II. Adolf. An Rousseau und an Plutarch schätzte Schiller, dass sie dem „erhabene(n) Verbrecher“[53] Bewunderung zollten (Schillers Selbstrezension *Die Räuber*, NA 22, 118). Der *Verbrecher aus verlorener Ehre* (1785), wie Schillers bekannteste Erzählung heißt, war der tugendhafte Entwurf eines ehrenhaften Menschen, der zum Verbrechen getrieben wird. Karlos' Verbrechen war Leidenschaft, war Rebellion gegen die regierende Macht und Aufbegehren gegen die mörderische Inquisition.

Vorliebe für Verschwörer und Verbrecher

Auf der Karlsschule las Schiller außer Werken Lessings und Herders auch die Rousseaus und Montesquieus, die für den *Don Karlos* **die philosophische und staatspolitische Grundlage** bildeten. Schiller sah sich zeitweise ganz in der Tradition der Geschichtsschreiber, nicht in der des Dichters. Es ging ihm um das Individuum, den Bürger, nicht um den Untertan. Nach dem Vorbild Montesquieus konfrontierte er das bestehende Gesetz mit der menschlichen Tugend, hielt beide nicht für vereinbar und polemisierte gegen Gesetze, weil sie die Möglichkeiten des Menschen begrenzten. Daraus erklärt sich die Analyse der absolutistischen Macht aus dem Familiengemälde: Politische Handlungen waren immer unmittelbar mit individuellen Entscheidungen verbunden, Machtausübung schränkte individuelles Wollen ein.

Einfluss Rousseaus und Montesquieus

53 Die Formulierung übernahm Schiller von Helferich Sturz, der in Fiesco einen erhabenen Verbrecher sah und Schiller auf diesen Stoff aufmerksam machte (NA 22, 385).

Zwischen Sturm und Drang und Klassik

Schillers *Don Karlos* nimmt eine **Zwischenstellung** im Gesamtwerk ein: Das Werk steht einmal zwischen dem Sturm und Drang und der Klassik, es steht zum anderen zwischen privatem bürgerlichen Familienstück und weltbürgerlichem Politikverständnis. Das Stück ist in seiner ideellen Anlage noch ein Stück der Aufklärung, aber es ist ein Stück des **Scheiterns aufklärerischer Ideen**. In seinen Konflikten und Handlungen ist es ein Stück des Sturm und Drangs: Die Fabel, die Zerstörung einer Familie in Machtkampf und politischem Streit, ist typisch. In seiner dominierenden Bauform und dem Blankvers ist es ein Stück der Klassik. Insofern trägt das Stück mehrere Zeichen eines Übergangs.

Zukunftsweisender Freiheitsbegriff

Hinzu kommt ein weit in die Zukunft reichendes Element, das ist die Bestimmung eines Freiheitsbegriffs. Die zukünftige Freiheit ist nicht auf politische Macht gegründet, sondern ist „Natur" (3218), dem Menschen eingeboren und resultierend aus „Gedankenfreiheit" (3216). Freiheit bedeutet den „karge(n) Staat", alle Handlungen müssen vom Einzelnen daraufhin geprüft werden, ob sie notwendig für die Gesellschaft sind: „(...) die Notwendigkeit wird menschlich sein." (3155) Das ist Schillers Auffassung bereits vor den Kant-Studien, die sie bestätigten. Freiheit ist die Einsicht in die Notwendigkeit und bedeutete bei Schiller die Disziplin des Individuums gegenüber seinem Land und dessen Entwicklung, bedeutete die Anerkennung des Notwendigen im Erträumten, Freiheit „gibt die Natur allen Menschen (...) mit der Einschränkung, dass sie dieses Recht in den Grenzen des Naturgesetzes anwenden und es nicht zum Schaden der anderen Menschen missbrauchen"[54].

Der geschichtserfahrene Zuschauer weiß, dass sich die Niederlande von Spanien befreiten; Schiller schrieb nach seinem *Don*

---

54 *Artikel aus der von Diderot und d'Alembert herausgegebenen Enzyklopädie*, Auswahl und Einführung von Manfred Naumann. Leipzig: Reclam, 2. Aufl. 1984, RUB Bd. 90, S. 581.

Karlos den *Abfall der vereinigten Niederlande von Spanien*. Für diesen Zuschauer blieben der warnende Charakter des Dramas und die „Schandflecken“ der Inquisition (NA 7 II, 15) die geschichtliche Realität. Für sein historisches Bewusstsein wurde von Schiller ein fest umrissener Freiheitsbegriff angeboten.

Tragische Kollisionen

Das Stück weist tragische Kollisionen auf: Mit Posas Tod stirbt, vorerst, das „kühne Traumbild eines neuen Staates“ (4280). Posas staatsrechtliche Entwürfe und Ideale werden in die Zukunft vertagt. Er scheitert tragisch, weil er für seine richtigen Ideen keine gesellschaftlichen Partner hat, die politische Absichten des Thronfolgers sind nur eine Ersatzlösung für unerfüllbare Liebe, und die Königin, die das Profil eines politischen Menschen hat, ist in Konventionen und Machtstrukturen des Hofes gefangen. Posa erkennt den tragischen Grund für sein Scheitern im Angesicht seiner politischen Gegenwart: „Das Jahrhundert / Ist meinem Ideal nicht reif. Ich lebe / Ein Bürger derer, welche kommen werden.“ (3078 ff.) Zwar stehen ihm die Umrisse des neuen Staates als geistiger Entwurf zur Verfügung, aber es fehlt noch die gestaltende Kraft einer dafür eintretenden historischen Kraft. Gemeint sind die Bürger, die schließlich in der Französischen Revolution von 1789 diesen Prozess einleiteten.

Fehlende Bürger

Tragik im klassischen Sinn erlebt Karlos: Seine Liebe, ursprünglich nahe vor der Erfüllung, wird durch die Ehe des Vaters mit Karlos‘ Braut unerfüllbar, bleibt aber als Gefühl existent; wie auch immer sich Karlos entscheidet, diese sogar gegenseitige Liebe wird zum Leid beider Liebenden führen: „Ich liebe ohne Hoffnung – lasterhaft – / Mit Todesangst und mit Gefahr des Lebens.“ (282 f.) – ein klassischer tragischer Konflikt.

Beim Vergleich zwischen *Don Karlos* und den *Briefen über Don Karlos* werden die **Veränderungen, die sich vom Sturm und Drang zur Klassik** bei Schiller vollzogen, deutlich. Es gehört zu Schillers Genie, dass er einerseits die Entwicklung nicht nur verfolgte, sondern die Veränderung vom rebellischen Selbsthelfer zum humanen Gesellschafts- und Menschenerzieher mitbestimmte und in der Gestalt Posas den politisch-utopischen Gehalt dieser Entwicklung bewahrte, der in Schillers Lebenszeit durch die Französische Revolution zur Politik wurde, wenn die auch Schiller enttäuschte.

4. REZEPTIONSGESCHICHTE

ZUSAMMENFASSUNG

- → Die Uraufführung 1787 in Hamburg war erfolgreich. Andere Inszenierungen und Übersetzungen folgten. Die Zeitgenossen reagierten zurückhaltend.
- → Im 19. Jahrhundert entstanden Dramen in der Nachfolge des *Don Karlos*, so von Julius Mosen, Franz Grillparzer, eine Oper von Giuseppe Verdi.
- → Das Werk wurde gegensätzlich interpretiert und mit unterschiedlichen Zielsetzungen inszeniert.
- → Zahlreiche Parodien entstanden.
- → Ein Problem der Inszenierungen war der Umfang des Stückes. Auf allen großen Bühnen hatte *Don Karlos* seinen festen Platz.
- → Nach 1945 und in der Gegenwart wird das Stück oft als Auseinandersetzung mit einem totalitären/autoritären Staat inszeniert.
- → Das Stück hatte literarische Wirkungen (Dostojewski).

Uraufführung 1787 und die Reaktion der Zeitgenossen

Entschärfte Fassung

Die **Uraufführung** fand am 29. August 1787 in Hamburg mit einer entschärften und gekürzten Fassung statt (Regie: Friedrich Ludwig Schröder, der auch den Philipp spielte). Man verzichtete auf den Großinquisitor und strich 400 Verse vor allem in den Eboli-Szenen. Sie wurde ein großer Erfolg, der einzige vorerst in Deutschland[55], die Aufführung musste am nächsten Tag wiederholt werden. –

55 Devrient, Bd. 1, S. 575.

Domingo-Fassung und Perez-Fassung

Schillers Kritik an der katholischen Kirche war ein Grund, weshalb Inszenierungen zwischen einer Domingo-Fassung und einer Perez-Fassung (z. B. *Rigaer Bühnenfassung* 1787), unterschieden: Um sich vor der Zensur zu schützen, wurde der Dominikanerpater Domingo durch den Staatssekretär Perez ersetzt. Für einige Theater (*Leipziger Fassung* 1787 [NA 7 II, 483 f.], *Rigaer Bühnenfassung* 1787) musste Schiller den Text in Prosa bereitstellen; mehreren Theatergesellschaften ließ Schiller die Wahl zwischen der Vers- und der Prosafassung. In der *Rigaer Bühnenfassung* und anderen wurde das Problem der Überantwortung an die Inquisition, auf die man verzichtet hatte, gelöst, indem sich Karlos erstach. Öfters hatte das Publikum Schwierigkeiten mit der Handlung und „konnte sich in die verwickelte Intrige nicht finden“[56].

Zurückhaltende Reaktionen der Zeitgenossen

Die Zeitgenossen reagierten zurückhaltend: Wieland hatte anfangs Vorbehalte (s. S. 40, 110, 136 dieser Erläuterung), erkannte aber die große Veranlagung des Dichters. Schillers Fehler sei, „dass er noch zu *reich* ist, zu *viel* sagt, zu *voll* an Gedanken und Bildern ist“ (NA 7 II, 507). Nach der Kenntnis des gesamten Textes sah Wieland in dem Stück „eine außerordentliche Erscheinung an unserm literarischen Himmel“ (NA 7 II, 518). Als der Schriftsteller Friedrich Wilhelm Gotter – der, wie Schiller an Körner schreibt, „mich schon seit vier Jahren hasst“ (NA 7 II, 36) – in Wielands Beisein am Hof Anna Amalias das Stück vortrug und sich „süffisant über dessen Schwächen“[57] äußerte, widersprach Wieland nicht. Herder, den Schiller um ein Urteil bat, war angenehm überrascht. Er nahm an der Tafel der Herzogin Schillers Partei.

---

56 Ebd., S. 513.
57 Damm, S. 73.

Goethe
nicht
begeistert

Goethe fand den *Don Karlos* wie seinen Schöpfer anfangs wenig sympathisch:

Goethes Skepsis

> „Die Erscheinung des *Don Carlos* war nicht geeignet, mich ihm näher zu führen, alle Versuche von Personen, die ihm und mir gleich nahe standen, lehnte ich ab, und so lebten wir eine Zeitlang nebeneinander fort.“[58]

Auch Goethes Freund Knebel mochte das Stück nicht, wie er am 10. Dezember 1810 seiner Schwester schrieb.[59] Für Hölderlin, zu dieser Zeit ein begeisterter Anhänger Schillers, war der *Don Karlos* „lange Zeit die Zauberwolke (...), in die der gute Gott meiner Jugend mich hüllte, dass ich nicht zu frühe das Kleinliche und Barbarische der Welt sah, die mich umgab“.[60] Die lange Entstehungszeit wurde für die Uneinheitlichkeit und Schwächen des Stückes in Anspruch genommen. Auch die im *Don Karlos* vorherrschende Art des „Schillerns“ störte, womit der an die Stelle von Handlung tretende ausgeweitete philosophische Diskurs gemeint war. Ludwig Börne brachte es auf den Punkt: „Nichts geschieht, wenig wird empfunden, am meisten wird gedacht. Es ist ein schönes vergoldetes Lehrbuch über Seelenkunde und Staatskunst, vom Schulstaube gereinigt, uns in die Hände gegeben.“[61]

„Vergoldetes Lehrbuch für Seelenkunde und Staatskunst“

Ludwig Tieck schrieb in den *Dramaturgischen Blättern* (1827) enthusiastisch über das Stück, das ihn noch mehr „entzückte (...) als die vorigen Arbeiten des Dichters“. Er vernahm auf dem Theater nun jenen „Geist, der neue Philosophie wie Staatskunst schuf“,

---

58 Goethe, S. 403.
59 Knebel an seine Schwester am 10. Dezember 1810. In: Bode, Bd. 2, S. 496.
60 Hölderlin, *Große Stuttgarter Ausgabe*, Band 6.1. Briefe, Brief Nr. 194 (Brief an Schiller vom 8. September 1799), S. 365.
61 Ludwig Börne: *Don Carlos. Trauerspiel von Schiller*. In: Ders.: Werke. Ausgewählt u. eingeleitet v. Helmut Bock u. Walter Dietze. Bd. 1. Weimar: Volksverlag, 1959. S. 20.

und fand „dieselben Fragen ..., die unsere Nachbarn zu verhandeln anfingen". Er vermisste allerdings die Dramatik und vermerkte den durch die Rhetorik eintretenden Stillstand in den Szenen, „Meinungen, Reflexionen, Untersuchungen und Seelenzustände ersetzen die eigentliche Handlung". Er sah als besonders zugespitztes Beispiel dafür die „berühmteste Szene der Tragödie, die den meisten Enthusiasmus erregte, und noch wohl jetzt die größte Teilnahme erweckt"[62], die Audienzszene.

Beginn der Bühnengeschichte in Weimar 1791

Die Weimarische Theatergesellschaft führte am 25. September 1791 *Don Karlos* in Erfurt in der Perez-Fasssung auf; Schiller war anwesend, er sah sein Werk erstmals auf der Bühne. Damit begann die Bühnengeschichte in Weimar, denn die Gesellschaft führte unter der Direktion von Goethe das Stück am 28. Februar 1792 auf. Weitere Aufführungen folgten in den nächsten Jahren. Als *Don Karlos* am 19. Juni 1802 in Weimar aufgeführt wurde, hatte Schiller wiederum eingegriffen und den umfangreichen, wie er glaubte immer noch nicht richtig bühnenwirksamen Text auf das dramatische Geschehen, den „theatralischen Fond" gekürzt. Diese Fassung wurde am 5. August in Bad Lauchstädt und am 27. August 1802 in Rudolstadt aufgeführt. Schiller hatte den „theatralischen Fond in dem Stück" dennoch zu keinem „befriedigendem Ganzen" gebrachte, wie er an Goethe am 20. März 1802 schrieb, „weil es viel zu breit zugeschnitten"[63] sei. In dieser Fassung wurde das Stück bis zu Schillers Tod gespielt. In Wien verhinderte die Zensur eine Aufführung zu Schillers Lebzeiten. – 1795 wurden eine und 1798 zwei englische Übersetzungen veröffentlicht, 1799 folgten eine französische und eine holländische Übersetzung usw.

Übersetzungen

62 Tieck. In: Oellers (Hrsg.), S. 174.

63 *Der Briefwechsel zwischen Schiller und Goethe in drei Bänden*. Bd. 2, S. 408.

Philipp- und Karlos-Dramen in der Nachfolge Schillers

Im 19. Jahrhundert wurden Philipp- und Karlos-Dramen geschrieben, die nicht ohne Schiller zu denken sind. Die Reduktion auf die Familientragödie und Orientierung auf Sensationelles gaben die bei Schiller erreichte weltanschauliche Höhe des Geschehens preis (z. B. Friedrich de la Motte Fouqué: *Don Carlos, Infant von Spanien*, 1823). 1845 wurde Julius Mosens Trauerspiel *Don Johann von Oesterreich* in Oldenburg uraufgeführt: Mosen konzentrierte sich auf das protestantische Verständnis von Philipp II. und sah in ihm den „böse(n) Dämon / Des Trugs und der Gewalt“[64]. An die Stelle Karlos‘ tritt der fast gleichaltrige Halbbruder Philipps Johann von Österreich (Juan de Austria), der von der Inquisition umgebracht wird; die Tat werde Philipp „und Spanien / den Todesstoß“[65] versetzen. Der Niedergang des katholischen Spanien wird auch bei Mosen von Philipp ausgelöst und historisch verantwortet von der Inquisition. – In einer nachhaltigen Beziehung zu Schiller sah sich Grillparzer; im Schiller-Jahr 1859 bekannte er: „Ich habe ihn durch die Tat geehrt, indem ich immer seinen Weg gegangen bin.“[66] In der Nachfolge des *Don Karlos* entstand auch **Franz Grillparzers** *Ein Bruderzwist in Habsburg* (1848, geändert gedr. 1872), das geschichtsphilosophische Testament des Dichters. Die Beziehung zu Schiller betraf das ideale Pathos, die stilistische Vollkommenheit und die Figurenkonstellation. Der spanische Konflikt wurde von Grillparzer nach Österreich verlegt. Kaiser Rudolfs II. Tatenlosigkeit ruft am Vorabend des Dreißigjährigen Krieges die Männer der Tat, seinen Bruder Matthias – eine Mischung aus Domingo und Großinquisitor – und seinen Neffen Ferdinand – eine Alba-Variation –,

J. Moser: *Don Johann von Oesterreich*

F. Grillparzer: *Ein Bruderzwist*

---

64 Julius Mosen: *Sämtliche Werke*, 4. Band. Leipzig: Verlag von Louis Zander, 1871, S. 176.
65 Ebd., S. 299.
66 Franz Grillparzer: *Werke in fünfzehn Teilen*. Hrsg. von Stefan Hock. Berlin-Leipzig-Wien-Stuttgart: Deutsches Verlagshaus Bong & Co, 13. Teil, S. 369.

auf den Plan. Nur der Karlos ähnelnde Erzherzog Leopold wirkt sympathisch. Rudolf glaubt, durch Handeln schuldig zu werden, und handelt deshalb nicht. – Das frühe Stück Grillparzers *Blanka von Kastilien* war noch deutlicher auf Schillers *Don Karlos* bezogen. Schillers Charaktere im *Karlos*, die meist enthusiastisch gelobt wurden, verschwänden nach Grillparzers Meinung hinter der melodischen Sprache. Schillers *Don Karlos* hatte die Ideen der Aufklärung als gescheitert ausgestellt, Grillparzer setzte diese Linie fort und gestaltete eine bürgerliche Entwicklung, deren Optimismus schon zerstört wurde und die noch vor ihrem historischen Höhepunkt gescheitert war. Schillers Träger zukünftiger Entwürfe, Posa, wurde von der vergehenden Macht ermordet, Grillparzer sagte solchen Entwürfe von vornherein ab. Schillers Konzept der Freiheit spielte für ihn keine Rolle.

G. Verdi: *Don Carlos*

Am 11. März 1867 wurde in Paris *Don Carlos*, **Oper von Giuseppe Verdi**, uraufgeführt. Das Libretto hatten Françoise-Josephe Méry und Camille du Locle nach Schillers Drama in der Fassung von 1805 geschrieben. Sie brachten aber zusätzlich die Vorgeschichte – Philipps Hochzeit mit Elisabeth – auf die Bühne. Es war Verdis umfangreichste Oper und eines der bedeutendsten Beispiele der französischen Gattung der „Großen Oper"; nach 270 Proben in acht Wochen fand die Uraufführung im Beisein Kaiser Napoleons III. statt. Die Oper wurde anfangs kein Erfolg, man warf Verdi „Wagnerismus" vor. Erst die Aufführung am 27. Oktober 1867 in Bologna war der Beginn eines bleibenden Triumphes.

Vielfalt der Deutungen, Inszenierungen, Parodien

Streit der Meinungen

Don Karlos wurde in National- und Literaturgeschichte wegen seiner diametral entgegengesetzten Bewertungen eine Ausnahme: Im Streit der Meinungen über das Stück gab es prinzipielle Gegensätze und unüberbrückbare Differenzen bei der Interpretation. Das Stück wurde zum Schillerjubiläum 1905 von konservativen Professoren gefeiert, und Schiller wurde „der Abgott der deutschen Philister“[67]. Auch die Arbeiterklasse begeisterte sich dafür, während ihr bedeutender Literaturkritiker, **Franz Mehring**, wenig Verständnis für den Marquis Posa hatte, der „als Held des Dichters, der sieben Jahre früher *Die Räuber* geschrieben hatte, (...) eine desto miserablere Figur“ mache. Dafür sah er aber in der differenzierten Charakterzeichnung der übrigen Gestalten „einen bedeutenden Fortschritt über die früheren Dramen Schillers“[68].

Der heute weitgehend vergessene Schriftsteller **Herbert Eulenberg** (1876–1949), laut Thomas Mann „Ehrenbürger der Welt“, von Düsseldorf 1946 mit der Ehrenbürgerschaft, von der DDR 1949 mit dem Nationalpreis geehrt, sah Posas utopische Staatsentwürfe bereits im deutschen Kaiserreich erfüllt; die neue Zeit habe mit der Erklärung der Menschenrechte begonnen und Posas Ideal der „Gedankenfreiheit“ sei „in Deutschland und Preußen“ erfüllt worden, „wo jeder verfassungsmäßig das Recht hat, in Wort und Schrift seine Meinung frei zu äußern, wenn auch leider nur wenige bisher von diesem Rechte Gebrauch zu machen pflegen“[69]. Warum die Menschen auf ihr Recht verzichteten, interessierte Eulenberg nicht. Für den Schweizer Schriftsteller **Robert Walser** (1878–1956) war *Don Karlos* Schillers schönstes Stück, weil in ihm der Übergang vom Sturm und Drang zur Klassik beispielhaft sichtbar werde, „was Sprachlichkeit und Gestaltung betrifft, noch jugendlich flammt, sich zugleich aber auch schon gewissermaßen gewähltere Manieren angenehm und ausgleichend geltend machen.“[70] Die Dramatik Schillers wurde eines der wichtigen Jugenderlebnisse **Bertolt Brechts**, das lebens-

---

67 Mehring, *Tells Geschoss*, S. 299.
68 Mehring, *Schiller*, S. 164.
69 Herbert Eulenberg: *Schattenbilder*. Berlin: Verlag von Bruno Cassirer, 1910, S. 48.
70 Walser, S. 35.

lang anhielt und im „ästhetischen Denken“ fest „verwurzelt“ war.[71] *Don Karlos* liebte er, aber er hielt ihn für nicht mehr zeitgemäß.

Heines Parodie

Die **Parodie** des Stücks lag nahe und wurde oft geübt, besonders die Audienzszene (3. Akt, 10. Auftritt). Bissig ging Heinrich Heine mit ihr um. Als der Dichter Georg Herwegh nach einer Audienz bei Friedrich Wilhelm IV. 1842 aus Preußen ausgewiesen wurde, ließ Heine ihn in seinem Gedicht *Georg Herwegh* sagen:

> „Aranjuez, in deinem Sand, / Wie schnell die schönen Tage schwanden, / Wo ich vor König Philipp stand / Und seinen ukermärkischen Granden. // Er hat mir Beifall zugenickt, / Als ich gespielt den Marquis Posa; / In Versen hab’ ich ihn entzückt, / Doch ihm gefiel nicht meine Prosa.“[72]

M. Reinhardt: *Don Carlos an der Jahrhundertwende*

Von Max Reinhardt stammt eine bekannte Parodie *Don Carlos an der Jahrhundertwende* (1901); er führte sie im Kabarett *Schall und Rauch* auf.[73] Ursprünglich war es eine Trilogie: eine traditionelle (nach dem Original), eine naturalistische *Karle* – (nach Gerhart Hauptmanns *Fuhrmann Hentschel*) – und eine symbolistische Variante (nach Maurice Maeterlinck). Bei einem Gastspiel in Wien wurde die Trilogie zur Tetralogie erweitert, indem eine parodistische Pantomine angeschlossen wurde. Reinhardts Parodie hatte einen Anlass in der Behandlung des *Don Karlos* in der Schule, die er selbst erlebt hatte. Dort wurde das Werk mit dem Ruf nach Freiheit zu einem Konstrukt des Bildungsbürgertums, Schillers Geschichtsbild „verkam

---

71 Werner Mittenzwei: *Das Leben des Bertolt Brecht oder Der Umgang mit den Welträtseln.* Bd. 1. Berlin, Weimar: Aufbau, 1989, S. 259.

72 Heinrich Heine: *Georg Herwegh* (Zeitgedichte Nr. 12). In: Heinrich Heine: *Sämtliche Schriften*. Hrsg. v. Klaus Briegleb. Bd. 4. München: Deutscher Taschenbuch Verlag, 2005, S. 422.

73 Max Reinhardt: *Drei Don Carlos Parodien*. Hrsg. von Peter Loeffler. Basel: Birkhäuser, 1992. Vgl. Schuhmann, S. 116 ff.

zu einer fahlen Historienmalerei"[74]; hinzuzufügen wäre, dass die anspruchsvolle Sprache mehr und mehr auf ein Zitatenreservoir reduziert wurde. Reinhardt inszenierte auch berühmte Aufführungen des *Don Karlos*, darunter eine sechsstündige 1909, in der das Bühnenbild Ernst Sterns so bedrückend war, dass die „höfische Lebenswelt ... zum Überwachungsstaat"[75] wurde. Reinhardts *Karlos*-Inszenierung wurde zwischen 1904 und 1920 132 Mal aufgeführt.

Problematischer Umfang

Ein Problem der Inszenierungen war und ist der Umfang des Stückes, der zwischen 3943 und 6283 Versen schwankt[76]; trotz mehrfacher Kürzungen, die bereits Schiller vornahm, lässt sich das Stück kaum in vollem Umfang spielen. Während der dreiteilige *Wallenstein* mit den zugehörigen Erläuterungen und Dokumenten in der **Nationalausgabe**, der wichtigsten Veröffentlichung der Werke Schillers, *einen* Band (513 S.) einnahm, benötigten die Herausgeber für *Don Karlos drei* Bände (1752 S.). Die Vielschichtigkeit entstand durch die veränderte Akzentsetzung von der Abrechnung mit der Inquisition und einer Liebestragödie zum Freiheits- und Ideendrama, vom Familiengemälde zum politischen Stück. Zusätzlich verschob sich die Handlung von Karlos auf Posa. Das zwingt bei Inszenierungen zu Entscheidungen: Der ursprüngliche Ansatz war ein Anti-Inquisitionsstück; er lässt sich mit Verlusten für die Posa-Handlung im Stück verfolgen. Folgt man Posas utopischen Entwürfen, besonders seinem Entwurf von Freiheit, die weit über die Realität des Stoffes, aber auch über Schillers Zeit hinaus reichen, treten die Eboli-Handlung und der Familienkonflikt zurück.

Don Karlos als Glanzrolle

Schauspieler erlebten mit der Rolle des Karlos ihren Durchbruch; einer davon war der berühmte Josef Kainz (1858–1910): Er spielte

---

74 Peter Loeffler, In: Max Reinhardt, ebd., S. 9.
75 Luserke-Jaqui, S. 587 f.
76 Vgl. Luserke-Jaqui, S. 93. Zum Vergleich: Goethes gleichzeitig erschienene *Iphigenie auf Tauris* weist 2174 Verse auf.

den Karlos 1883 am Deutschen Theater Berlin. Bedeutende **Regisseure versuchten sich zeitweise lebenslang** an dem Stück. Leopold Jeßner (1878–1945) hatte es schon zweimal inszeniert, ehe er 1929 seine Erfahrungen aus diesen Inszenierungen verwertete und am Staatlichen Schauspielhaus Berlin umsetzte. Im Zentrum der Inszenierung stand Philipp, „dessen einsame Großmacht diesem ganzen Hof die Kälte und Starrheit eines Leichenschauhauses einhaucht, (er) erweitert sich von Szene zu Szene zur eigentlich tragischen Gestalt“[77]. Gespielt wurde Philipp von Fritz Kortner, der Philipp „zu Shylocks Bruder“[78] werden ließ (Monty Jacobs, 2. 11. 1929, Theaterkritiker, 1875–1945). Die Akzentsetzung – Posas Hinweis auf den politisch tätigen Prinzen sollte Karlos vor der tödlichen Eifersucht Philipps retten – rief das neue „völkische Vokabular“ des zu der Zeit faschistisch orientierten Arnold Bronnen gegen Jeßner auf den Plan:

> „Die Front erwartet (...) die Erfüllung einer nationalen Pflicht (...) einer deutschen Pflicht. Wir werden demgemäß Herrn Jeßner nicht nur an seinen Früchten erkennen, welche artistisch sind; wir werden ihn auch an seinen Wurzeln erkennen – welche politische sind. Die Inszenierung ist missglückt (...)“[79].

Alfred Kerr (1867–1948; „ganz hervorragende Aufführung“) und Emil Faktor (1876–1942 nach Lodz deportiert; „Die Mysterien der Dichtung wurden klar bis an die Grenzen der Nüchternheit.“) lobten die Inszenierung. Die Kritik war aus dem ästhetischen ins tagespolitische Feld gelangt (Faktor: „Der Freiheitsgedanke ist ein ver-

---

77 Jeßner im Programmheft zur Aufführung. Zit. in: Rühle, S. 976.
78 Monty Jacobs. Zit. in: Rühle, S. 976.
79 Arnold Bronnen. Zit. in: Rühle, S. 977.

sinkender Meteor."): Der jüdische Regisseur Jeßner wurde von jüdischen Kritikern unterstützt, während er von nationalistischer und faschistischer Seite angegriffen wurde.

Don Karlos im Dritten Reich

Schiller als „ältester SA-Mann"?

Mit dem *Don Karlos* tat man sich im Dritten Reich (wenig überraschend) schwer. Einerseits wurde Schiller in das nationalsozialistische Denken integriert und zum „älteste(n) SA-Mann"[80] erklärt. Für den wieder auferstandenen Schillerpreis komme „nur ein im nationalsozialistischen Geiste schaffender Dichter größten Formats" in Frage, wurde von NS-Literaten gefordert, für den man 1934 keinen Kandidaten hatte.[81] Schiller wurde zum „Vorläufer des Nationalsozialismus" ernannt.[82] Andererseits war der Idealist Schiller zu ideal, und der „barocke und der aufklärerische Schiller" mit den klar argumentierenden Figuren – dazu dürfte Posa gerechnet worden sein – entsprachen nicht dem „nordische(n) Schiller mit seiner todesstrotzenden Willensmacht" (Walther Linden). Entschieden verurteilte Herbert Cysarz den Klassiker, dessen Werken er mit „entartet" das Todesurteil schrieb: „Schillers menschliche Wege sind nicht mehr unsere Wege. Die Schwärmer der Schönheit sind tot, die ästhetischen Außenseiter des Lebens seit langem entartet." (November 1934)[83] Zu diesen „Schwärmern", die wegen ihrer moralischen Haltungen von den Nazis verdächtigt wurden, gehörten Karlos und Posa. Eine völlig andere Wertung Schillers nahm Hans Fabricius vor; er sah „die Lichtgestalt Friedrich Schillers" „dem

---

80 Hans Günther, der scharfsinnige Kritiker des Nationalsozialismus, gab seiner Analyse der Schrift *Schiller als Kampfgenosse Hitlers* von Hans Fabricius den Titel *Der älteste SA-Mann*. In: Hans Günther: *Der Herren eigener Geist. Ausgewählte Schriften*. Berlin, Weimar: Aufbau, 1981, S. 567.

81 Vgl. Brief Friedrich Bethges. In: Wulf, S. 295.

82 *Der Führer ehrt Friedrich von Schiller*. In: ebd., S. 391.

83 Ebd., S. 393 (Linden) und 360.

Philipp II. (gespielt von Fritz Kortner) zwischen dem Großinquisitor (l., Hans Hessling) und Domingo (r., Ernst Schröder) in der Kortner-Inszenierung Berlin 1950 © Cinetext/ Henschel Theater-Archiv

leuchtenden Hakenkreuzbanner voranschreiten".[84] Unter diesem Vorzeichen sollte insbesondere Schillers *Wilhelm Tell* das faschistische Massenpathos unterstützen; der Vorsatz misslang aber.[85] Andererseits wurde Schillers „Reinrassigkeit" bezweifelt; sowohl

---

84 Hans Fabricius: *Schiller als Kampfgenosse Hitlers. Nationalsozialismus in Schillers Dramen*. Bayreuth: NS Kultur-Verlag, 1932. Vgl. dazu Günther, S. 867, Auszüge aus Fabricius bei Pörnbacher, S. 227 ff. und bei Wulf, S. 394.

85 Vgl. Günther, S. 520 f.

körperliche als auch seelische Merkmale des Weimarer Dichters wurden weitgehend abstoßend beschrieben und bilanziert, er sei als „Rasse: gemischt" [86]. Schillers *Don Karlos* wurde bis 1944 gespielt, aber es gab Probleme[87], weil unerwünschter Beifall gegeben wurde: „Geben Sie / Gedankenfreiheit." (3215 f.) Zeitweise war er auch verboten[88], während die deutschen Antifaschisten Bruno Apitz und Karl Schnog die Marquis-Posa-Rede aus *Don Karlos* auf illegalen Veranstaltungen im KZ Buchenwald vortrugen.[89]

Fragwürdige „Reinrassigkeit"

Beifall an den ‚falschen' Stellen

Wirkung nach 1945

Nach 1945 dominierten zwei Konzeptionen: Einmal war die sich auf die klassische Anlage stützende Werktreue das Maß, zum Zweiten wurde aber der Karlos als Werk gegen totalitäre und autoritäre Staatsformen und die Missachtung demokratischer Bewegungen verstanden. 1950 inszenierte **Fritz Kortner,** der selbst den König Philipp spielte, das Stück am Berliner Hebbel-Theater als Auseinandersetzung mit dem Faschismus in einem großen Käfig, ein Gefängnis darstellend, in dem die Schauspieler in Gegenwartskleidung bzw. -uniformen agierten. Dem Regisseur schlug danach der Hass des Publikums entgegen, ihn erreichten Drohbriefe, und er verließ nach der zweiten Vorstellung Berlin. Sein Ansatz, *Don Karlos* als Warnung vor dem Totalitarismus zu inszenieren, blieb allerdings bis in die Gegenwart lebendig: 2005 spielte Erich Engel in Leipzig ein „Lehrstück zum Thema Totalitarismus"[90]. 1962 inszenierte **Gustaf Gründgens** *Don Carlos* und spielte selbst den König Philipp

Maßstab Werktreue

Warnung vor Totalitarismus

---

86 Annemarie Krusekopp: *Waren die bedeutendsten Männer Deutschlands reinrassig oder gemischtrassig?* Dissertation, Heidelberg 1940. In: Wulf, S. 464.

87 Vgl. dazu Luserke-Jaqui, S. 590.

88 Vgl. Günther, S. 569.

89 Vgl. Horst Denkler, Karl Prümm (Hrsg.): *Die deutsche Literatur im Dritten Reich*. Stuttgart: Philipp Reclam jun., 1976, S. 443.

90 Ralph Gambihler: *Don Karlos sorgt für packenden Abend*. In: Freie Presse, Chemnitz, 5. April 2005.

(Premiere 20. November) wie sein Vermächtnis. Es war seine letzte Rolle, er starb am 7. Oktober 1963. Er machte Philipp für sich zu einer späten Identifikationsfigur: „die an Selbstverleugnung grenzende Selbstdisziplin und die verbissene, aber würdevolle Pflichterfüllung Philipps (...). Er hat Philipp als misstrauischen, zutiefst einsamen, aber auch pflichttreuen, ausharrenden Menschen dargestellt.“[91]

1977 spielte das Staatstheater Schwerin *Don Karlos* (Regie: Christoph Schroth) mit einem sehr jungen Ensemble; große Textstreichungen verlagerten das Interesse auf das „Aktionelle, die Handlungen, die Taten. Das Pathos der Gedanken ist, soweit dies möglich, vom Sprachlichen übertragen auf den szenischen Vorgang, auf die physische Aktion.“[92] An den Münchner Kammerspielen inszenierte der Ostberliner Alexander Lang 1985 einen radikal vereinfachten *Don Karlos*, der die „reiche, wirre, angeblich spanische Geschichte (...) auf ihren nackten Kern entblößt“[93] bot, in dem eine wilde Jugend in Brunst und hektisch greller Glücksbegier gegen ein erstarrtes Lebenssystem und seine Ordnung tobte. – Zwischen 1980 und 1984 gab es achtzig Inszenierungen Schiller'scher Stücke auf deutschen Bühnen; der *Don Karlos* war daran mit einem halben Dutzend beteiligt. 1984 wurde er in Weimar, Dresden und Magdeburg gleichzeitig gespielt. Die Dresdner Aufführung (Regie: Horst Schönemann) nahm Anregungen von Schwerin auf: „Die Inquisition als reale destruktive Instanz und vorbehaltlos freiheitlicher Widerstand der Jugend waren dort schon etabliert.“[94] Eine rigorose Zurücknahme des *Don Karlos* versuchte 1990 Tankred Dorsts

Tankred Dorsts *Karlos*

---

91 Peter Michalzik: *Gustaf Gründgens. Der Schauspieler und die Macht*. Berlin: Quadriga, 1999, S. 11.

92 Rainer Kerndl: *Bewährungsprobe für ein Ensemble junger Darsteller*. In: Neues Deutschland vom 12. Januar 1977.

93 Reinhard Baumgart: *O kalte Feuers-Brunst*. In: Der Spiegel Nr. 7 1985, S. 189 f.

94 Erika Stephan: *Zwischen Ritual und Spontaneität. „Carlos“-Inszenierungen ...* In: Sonntag, Nr. 34, 1984, S. 6.

Karlos, an den Münchner Kammerspielen uraufgeführt (Regie: Dieter Dorn). Die Kritik sah „nichts von Gedankenfreiheit, und keiner sagt: ‚Ich kann nicht Fürstendiener sein.'"[95] Sie fand nichts an Schillers Stück Erinnernde, nur den Gegensatz, die Verzerrung, nur ausgestellte Grausamkeiten. Auch in der Gestalt des Karlos wurden die perversen und bösen Anlagen, von denen die Quellen berichten, für die Handlung genutzt und Karlos' Lust am Misshandeln ausgestellt. Es wurde eine Welt vorgeführt, die lustvoll böse ist und zum Abgrund taumelt. Die Figurenkonstellationen wiesen jedoch aus, dass Schillers Drama sehr wohl als Bezug gewählt worden war. Dorsts Stück lässt sich auch so lesen, **dass seit Schillers Zeit nichts von Posas Ideen in die Welt gekommen ist** und in dieser immer noch das Böse herrscht. Dieser Frage gehen Inszenierungen des Stückes oft unter dem Eindruck aktueller Ereignisse nach: 2010 inszenierte der Schweizer Regisseur Roger Vontobel den *Don Karlos* im Schauspielhaus Dresden und sah, wie andere vor ihm, das Geschehen in einem totalitären Staat, der am Ende triumphiert: „Die dunklen Mächte behalten das Zepter in der Hand, das nur kurz durch die Rebellen zu wanken drohte."[96] Hochgelobt wurde die fast vierstündige Inszenierung des *Don Carlos* von Jette Steckel[97] im Hamburger Thalia-Theater (Premiere: 22. Januar 2011), die die Individuen als Gefangene der gesellschaftlichen Ordnung und Macht ausstellte – das Bühnenbild (Florian Lösche) erschien der Rezensentin Daniela Barth der *nachtkritik.de* wie eine „Gummizelle" – und ihren Kampf dagegen akzentuierte; nahtlos sei die Inszenierung im 21. Jahrhundert angekommen und habe spielerisch Julian Assange und seine Whistleblower-Plattform Wikileaks ins Spiel gebracht, so Daniela

Aktuelle Inszenierungen

95 Michael Skasa: *Ein Wüterich verröchelt im Streckbett*. In: DIE ZEIT Nr. 20 vom 11. Mai 1990, S. 71.
96 Gabriele Fleischer: *Ergreifendes Intrigenspiel am Königshof*. In: Freie Presse vom 30. März 2010.
97 Jette Steckel erhielt für ihren *Don Carlos* den Rolf-Mares-Preis in der Kategorie „Herausragende Inszenierung".

Barth. Eine auf 90 Minuten gekürzte Inszenierung des Stücks in Basel (Regie: Simon Solberg, Premiere: 21. 9. 2012) wurde wegen ihrer beklemmenden Aktualität im Angesicht von arabischem Frühling, Protest- und Widerstandsbewegungen gelobt. 2013 inszenierte Matthias Thieme im Plauener Vogtland Theater das Stück bemüht textgetreu, verlegte es aber – vergleichbar mit der Inszenierung Kortners von 1950 – in den Kühltrakt eines Schlachthofes. Das war das Symbol für das Ende, bei dem alle Hoffnungen begraben werden müssen, den flandrischen Kämpfern könnte Hilfe gebracht werden; die Türen sind fest verschlossen, es gibt „kein Entrinnen mehr für König, Königin und Prinz“[98]. – Alle großen Bühnen spielten *Don Karlos*; auf Festspielen – wie 2011 bei den Ruhrfestspielen – hatte es seinen festen Platz; es wurde im 20. Jahrhundert nur selten von den Bühnen verdrängt. Regisseure suchten immer wieder nach neuen und eindringlichen Lösungen.

Von beklemmender Aktualität

Schiller-Jubiläumsjahre wie 1955 und 1959, 2005 und 2009 brachten Reden, Konferenzen[99], Rundtischgespräche[100] und Aufführungen. 1959 sprach Thomas Mann (s. S. 137 dieser Erläuterung). Friedrich Dürrenmatts verband in seiner Dankesrede für den Schiller-Preis 1959 Schweizer Traditionen mit Schillers Berufung auf das Naturrecht und erklärte ganz im Sinne der Ideale Posas, die zurückgehen auf die Erklärungen der Menschenrechte im 18. Jahrhundert: „Die Freiheit wird nicht durch die Politik realisiert, nicht

---

98 Volker Müller: *Im Kühltrakt kein Entrinnen*. In: Freie Presse vom 14. Januar 2013, S. 7.

99 Vom 10. bis 12. September 2009 fand an der California State University Lang Beach eine Konferenz *Who is this Schiller now?* statt, deren Dokumente 2011 erschienen. Dabei grenzten sich die Beiträger mehrheitlich von älteren Interpretationen und dem tradierten Bild vom Idealisten Schiller ab und sahen in ihm einen weltbürgerlichen Realisten. Vgl. Volker Riedel: *Who Is This Schiller Now?*. In: Weimarer Beiträge Jg. 59/2013, Nr. 1, S. 147–151.

100 Vgl. *„Man sollte darauf vertrauen, dass Schiller ein moderner und heute brauchbarer Autor ist“. Streitgespräch*, in: Literaturen H. 1–2/2005, S. 18–23.

durch Revolutionen erzielt, sie ist als Grundbedingung des Menschen immer vorhanden, und wäre der Mensch in Ketten geboren."[101]

Literarische Wirkungen

Dostojewskis Großinquisitor

Schillers *Don Karlos* hatte außer den dramatischen Nachkommen auch andere literarische Wirkungen, die z. B. in Fjodor Dostojewskis *Die Brüder Karamasow* nachzuweisen sind oder sich in Thomas Manns Reden finden (vgl. S. 137 dieser Erläuterung). Dostojewski war lebenslang von Schiller begeistert und stellte das in diesem Roman mehrfach aus: Im 5. Kapitel des 5. Buches bietet Iwan Karamasow seinem Bruder Aljoscha seine Erzählung über den *Großinquisitor*, die eine umfangreiche literarische und religionsgeschichtliche Wirkung zur Frage nach dem Verhältnis von Gott, Freiheit, Wahrheit und Mensch ausgelöst hat. Der beschriebene Großinquisitor ist nicht nur äußerlich dem Schillers ähnlich – ein Greis fast neunzigjährig, mit eingesunkenen Augen –, sondern beide kämpfen rigoros gegen menschliche Freiheit und vernichten dazu im Namen des Glaubens Menschen. Das Geschehen handelt zur Zeit des *Don Karlos* im Spanien des 16. Jahrhundert: Die Inquisition hat einhundert Ketzer auf einem Autodafé verbrannt, die Wunder leugneten; es war „in der furchtbarsten Zeit der Inquisition"[102]; sie hat eine Ordnung errichtet, bei der sie „endlich die Freiheit überwältigt"[103] hat, während die Menschen glauben frei zu sein. Bestärkt würden sie dabei durch „drei Mächte": „das Wunder, das Geheimnis und die Autorität".[104]

---

101 Dürrenmatt, S. 447.
102 F. M. Dostojewski: *Der Großinquisitor. Eine Phantasie*. Leipzig: Reclam o. J., RUB 6256, S. 7.
103 Ebd., S. 14.
104 Ebd., S. 22.

5. MATERIALIEN

„Gigantisches Unding“

Karl August Böttiger (1760–1835), Gymnasialdirektor in Weimar, war zwar hochgelehrt, aber ebenso indiskret und schwatzhaft, was ihm von Goethe die Bezeichnung „Arschgesicht“ einbrachte. Er überlieferte eine von Wielands Meinungen zu Schillers *Karlos*, die seiner eigenen entsprochen haben dürfte, denn seine Bewunderung für die Antike sah er bei Schiller nicht bestätigt:

„Er hat nie die Alten kennen gelernt. Darum ist seine Schreibart so ungeheuer. In seinem *Don Carlos* ist Philipp ein gigantisches Unding und alles ist kolossal, aber der Schwanz, der alles verdirbt, ist die Eboli, ein unerklärliches Geschöpf voll Widersprüche. Wenn der gute Schiller weniger Krämpfe hätte, würden auch seine Darstellungen weniger konvulsivisch [krampfartig, zuckend, R. B.] sein. Was er Gutes schrieb, entfloss ihm in heiteren Stunden. Wenn ich jetzt meinen Rat an einen jungen Dichter wieder abdrucken lasse, werde ich am Ende noch eine Nachschrift beifügen, ungefähr des Inhalts: ‚Sind Sie mit Krämpfen je behaftet gewesen, so lassen Sie sich nie mit den Musen ein. Diese Buhlschaft vermehrt die Krämpfe entsetzlich (auf Schiller).‘“[105]

W. v. Humboldts Don Karlos-Beschreibung

Wilhelm von Humboldt (1767–1835) gehörte 1794 in Jena zum Kreis von Dichtern und Gelehrten um Schiller. Nachdem der Briefwechsel zwischen Schiller und Goethe veröffentlicht worden war, übergab auch er 1830 seinen Briefwechsel mit Schiller der Öffentlichkeit mit einer Studie *Über Schiller und den Gang seiner Geistesentwicklung*. Darin beschrieb er *Don Karlos* treffend:

---

105 Karl August Böttiger: *Literarische Zustände und Zeitgenossen*. Hrsg. v. Klaus Gerlach u. René Sternke. Berlin: Aufbau, 1998, S. 168.

„Hier stellte sich ihm [Schiller, R. B.] der große Gegensatz weltbürgerlicher Ansicht und sich tief dünkender, beengter Staatsklugheit dar und zeigte ihm von aller Erfahrung absehende Ideen im Kampf mit einer Beschränktheit, die Erfahrung ohne Ideen möglich hält. Unmittelbar daran hing das Schicksal in ihren Volks- und Gewissensrechten gekränkter, in gerechtem Abfall begriffener Provinzen, und in dies große politische Interesse war eine in ihrem ersten Aufwallen reine und schwärmerische und schuldlos und zart erwiederte Liebe verwebt. So umgab dieser Stoff den Dichter wie mit einem höher emportragenden Element."[106]

Thomas Manns Erinnerung an seine Schulzeit

Thomas Mann erinnerte sich anlässlich des 150. Todestages Schillers an den Eindruck, den das Stück auf ihn als Schüler gemacht hatte:

„*Don Carlos* – wie könnte ich je die erste Sprachbegeisterung meiner fünfzehn Jahre vergessen, die an dem stolzen Gedicht sich entzündete! Es steht, einen gewinnendsten Augenblick festhaltend von Schillers dichterischer Biografie, an der Schwelle zur Reife, zur Meisterschaft und nimmt in seinem Gesamtwerk ungefähr die Stellung und Stufe ein wie in demjenigen Wagners der *Lohengrin*, dem ich aus verwandten Gründen Liebe bewahrte. Noch hört man den Sturm und Drang der Jugend nachklingen im *Carlos* (...) Aber welcher Anstand, welche Flüssigkeit, höfische Geschmeidigkeit, Beweglichkeit, glanzvolle Noblesse und dramatische Schlagkraft des Jambus in diesem Werk eines Fünfundzwanzigjährigen!"[107]

---

106 Wilhelm von Humboldt: *Über Schiller und den Gang seiner Geistesentwicklung*. In: Hans Mayer (Hrsg.): Meisterwerke deutscher Literaturkritik. Bd. 1. Berlin: Rütten & Loening, 3., durchgeseh. Aufl. 1963, S. 451.

107 Mann, S. 740.

Zum Widerspruch reizende Aktualisierung

Die **Theaterregisseurin Andrea Breth** inszenierte 2004 *Don Karlos* am Wiener Burgtheater und bereitete eine *Wallenstein*-Inszenierung vor. Anlässlich dieser Inszenierungen führte DIE ZEIT ein Gespräch mit ihr, in dem Posa interessant, wenn auch zum Widerspruch reizend, aktualisiert wurde:

„ZEIT: In Schillers *Don Karlos* mischt sich der Marquis von Posa in das Schicksal ein, indem er seinen Freund, den Kronprinzen Don Karlos, für seine politischen Zwecke einspannt. Was geschieht Schillers Figuren, wenn sie Schicksal spielen?

Breth: Eigentlich war Posa Schillers Kommentar zur Französischen Revolution. [Die noch nicht stattgefunden hatte, R. B.] Schiller nahm die Revolution anfangs mit Euphorie, und dann mit großem Schrecken zur Kenntnis; und das hat er auf das Beste in den Posa hineingeschrieben. Es ist ja ungeheuerlich, was der junge Mann von sich gibt: Wenn Sie alles so gemacht haben, wie ich es will, dann müssen Sie die Welt unterwerfen. Das ist die sogenannte Freiheit: Hier kann jeder machen, was *ich* will. Alle diese Werte, Freundschaft, Ehre, Toleranz, Großzügigkeit, lässt Schiller so aufeinander krachen, dass nur noch Fragezeichen übrig bleiben. Nämlich die Frage, wie soll die Welt gehen? Wir sind da überhaupt nicht weitergekommen. (...) Posa hat beides berechnet. Aus beidem geht er heroisch hervor. Entweder gelingt ihm sein politischer Weg, dann ist er berühmt, und wenn ihm das nicht gelingt, wird ihm zumindest ein unfassbarer Tod gelingen. Che-Guevara-artig: Jeder wird an mein Grab pilgern. Ein grässlicher Anteil von Selbstverwirklichungsmist und Machtanspruch: Posa will in die Geschichte eingehen."[108]

---

108 *„Ich kann von dem Burschen nicht lassen*. Ein Gespräch mit der Theaterregisseurin Andrea Breth über den Dramatiker Schiller. In: DIE ZEIT Nr. 2, 5. Januar 2005, S. 33.

„Bei König's"

Für das Goethe-Theater Bad Lauchstädt, in dem Schiller triumphale Erfolge feiern konnte, sah der ehemalige Intendant des nt (Neues Theater) Halle Peter Sodann *Don Karlos* 2005 vor. In der Information über die Spielzeit 2004/05 hieß es über den „klassischen jugendlichen Helden" und das Stück ironisch und salopp, aber durchaus treffend und aktuell:

„Der Schiller'sche Don Carlos ist dabei hinsichtlich jugendlichen Heldenmuts, freiheitlichen Sendungsbewusstseins und allgemeiner Unwiderstehlichkeit nur noch von seinem allerbesten Freund Rodrigo (verdeutscht: Roderich) zu überbieten, jenem Marquis Posa, der einfach so zum König Philipp (also zu einem der sowohl historisch als auch theatralisch despotischsten Herrscher aller Zeiten) marschiert, von diesem Regierenden Vernunft, Verantwortungsgefühl und das Menschenglück seiner Untertanen einfordert und ihm schließlich die berühmten Worte entgegenschleudert: ‚Geben Sie Gedankenfreiheit!'

Das nützt natürlich nichts. Denn so einfach geht das ja nun auch wieder nicht. Ansonsten geht's bei Königs zu wie in jeder Familienserie: Da wird geliebt, gehasst, betrogen, verraten, intrigiert, degradiert, avanciert, spioniert und nebenbei noch der eine oder andere Krieg gewonnen oder verloren ..."[109].

Die Inszenierung fiel dem Rotstift zum Opfer, im Schillerjahr 2005.

---

109 Information über die Spielzeit 2004/2005. Hrsg. neues theater Halle. Halle, 2004, S. 56.

6. PRÜFUNGSAUFGABEN MIT MUSTERLÖSUNGEN

Unter www.königserläuterungen.de/download finden Sie im Internet zwei weitere Aufgaben mit Musterlösungen.

Die Zahl der Sternchen bezeichnet das Anforderungsniveau der jeweiligen Aufgabe.

Aufgabe 1 ***

Beschreiben Sie in Umrissen die Wirkungsmöglichkeiten von Schillers *Don Karlos*.

Mögliche Lösung in knapper Fassung:

BESCHREIBUNG

Friedrich Schillers *Don Karlos* gehört zu den bedeutenden politischen Dramen der deutschen Literatur, wurde als Darstellung moderner Freiheitskämpfe betrachtet und wirkt bis heute als ein Dokument jugendlich-rebellischen Aufbegehrens. Für die von Schiller begeisterte Jugend war der *Don Karlos* ein fortschrittlich-revolutionärer Text, in dem sich schon der junge dänische Dichter Jens Baggesen (1764–1826) wiederfand, der Schillers Freund und Gönner wurde. Schiller plante ein „Familienstück", seine frühen Stücke konzentrierten sich stets auf Familien (die gräfliche Familie Moor, die Familie Miller), erweiterten den Ansatz aber durch jugendliches Verhaltens, neue Ideen und Vorstellungen jugendlichen Freiheitswillens. Das galt für die Räuber und auch für *Kabale und Liebe*.

Schillers Idealismus

In der Literatur- und Geistesgeschichte steht *Don Karlos* für den „Idealismus" Schillers, der von Publikum und Literaturwissenschaft oft mit dem Werk gleichgesetzt wurde. Für viele Leser des 19. Jahrhunderts war Schiller schlechthin der Dichter des *Don Karlos*. Dabei bedeutete dieser Idealismus weniger einen Gegensatz zum Materialismus, sondern bezog sich auf die Idealität, auf die Vollkommenheit geistigen Strebens. Schillers Idealismus erhob sich über eine unmenschliche, tyrannisch geprägte Wirklichkeit, wie sie der Dichter in dem „Schauspiel" *Die Räuber*, dem „republikanischen Trauerspiel" *Die Verschwörung des Fiesco zu Genua* und dem „bürgerlichen Trauerspiel" *Kabale und Liebe* beschrieben hatte. In diesem Sinne war auch *Don Karlos* ein republikanisches und bürgerliches Trauerspiel, in dem die Handlung in absolutistische Verhältnisse verlegt und „das kühne Traumbild eines neuen Staates" (4280) als Alternative entworfen worden war: geprägt von Toleranz und Gleichheit der Menschen in einer sozial befriedeten Wirklichkeit und mit dem Verlangen nach humanen Zukunftsentwürfen, eine Welt, wie sie sein könnte, aber weder zu Schillers Zeit war noch heute ist. *Don Karlos* konzentrierte absolutistisches, republikanisch-bürgerliches und utopisches Denken in einer Handlung.

Bedeutung von Begriffen

Eine Schwierigkeit der Schiller'schen Dramen besteht darin, dass Begriffe, die wichtig sind und für Schillers Zeitgenossen mit genau beschreibbaren und umkämpften Inhalten verbunden waren – „Menschlichkeit" (167), „Freiheit" (172) usw. als Inhalte des Idealismus –, heute zu Versatzstücken geworden sind, die für alles und jeden, selbst für Kriegsbegründungen herhalten müssen, ohne dass es für ihre Verwendung einen Konsens gäbe. Die Beschäftigung mit Schillers Werken und mit dem *Don Karlos* im Besonderen kann diese Begriffe wieder mit ihren ursprünglichen Inhalten füllen. Die Freiheit des kämpfenden Flandern verbindet sich mit der politischen und ökonomischen Selbstständigkeit der Gebiete, mit der Ausbildung ihrer bürgerlichen Machtstruktur, die zu jener Zeit die moderne Struktur gegenüber den absolutistischen spanischen Verhältnissen war, und mit der sozialen Sicherheit der protestantischen Aufständischen gegenüber den katholischen Spaniern. Freiheit bedeutete bei Schiller Disziplin des Individuums gegenüber seinem Lande und dessen Entwicklung, bedeutete die Anerkennung des Notwendigen im Erträumten. „Traum" ist der Begriff für die jugendlichen Entwürfe, die nach Umsetzung drängen.

„Menschlichkeit" verband sich in diesem Umfeld mit der Ausbildung nationaler Merkmale, traditioneller Bildungsmerkmale und mit dem bürgerlichen Stolz gegenüber der Macht des feudalen Throns. Zusätzlich zu diesen politisch-ethischen Werten kommen im *Karlos* menschliche Gefühle hinzu, die nicht machtpolitischen oder finanzökonomischen Manipulationen geopfert werden. Menschlichkeit und Gefühle äußern sich im *Karlos* in der Liebe des Thronfolgers zu Elisabeth: In ihr bekommen die Träume der Jugend ein Gesicht; aber diese Liebe wird im Zeichen der politischen Interessen nicht nur unmöglich, sondern auch gedemütigt, indem der eigene Vater an die Stelle des Bräutigams tritt. Politische Absicht zerstört individuelle Freiheit; Machtinteressen verdrängen Gefühle, und Gehorsam im Zeichen der Macht macht Menschlichkeit sinnlos.

Die entscheidende Wirkung des Stückes geht vom Gegensatz von Menschlichkeit und Inquisition aus. Schiller hat mehrfach formuliert, dass er mit der Darstellung der Inquisition die „prostituierte Menschheit" rächen wolle. Das bedeutete zuerst, diesen Gegensatz von Macht und Menschlichkeit deutlich auszustellen. Selbst Philipp II. wird von der Macht besiegt, als er Ansätze von Menschlichkeit zeigt; er wird am Ende zum Opfer, indem er Frau und Sohn, damit auch die Sicherung der Macht durch den Thronfolger an die Inquisition verliert. Inquisition aber war zu Schillers Zeit gegenwärtig und keineswegs eine bereits historische Institution. Ähnlich geartete Machtstrukturen sind bis auf den heutigen Tag weltweit vorhanden und schränken Individualität wie Menschlichkeit in ähnlicher Weise ein wie bei Karlos und Posa, Elisabeth und Philipp.

Aufgabe 2 ***

Beschreiben Sie die Zentralszene im 3. Akt, 10. Auftritt zwischen Philipp und Posa und erklären Sie ihre politische Bedeutung.

Mögliche Lösung in knapper Fassung:

BESCHREIBUNG

Der geistige Höhepunkt des Stückes liegt im 3. Akt, der Audienzszene. Die Aussprache zwischen Posa und Philipp II. im 10. Auftritt ist die zentrale Szene des Stückes. Dabei fällt sie nicht dadurch auf, dass besonders handlungsintensive Vorgänge konfliktreich aufeinanderprallen – wie etwa in der Inrigenhandlung um die Eboli oder bei der Ermordung Posas –, sondern in dieser Szene treffen staatspolitische Entwürfe aufeinander, die weit über das Stück hinausreichen und den zeitlichen Hintergrund berühren, die Ablösung des absolutistischen Herrschaftsapparates durch eine bürgerliche republikanische Macht. Posa erfüllt einen Auftrag, indem er Karlos aufsucht: Er soll den Thronfolger als Anführer der Geusen im Kampf gegen die Inquisition, die Besatzungsmacht und die spanische Unterdrückung gewinnen; er ist der Abgesandte der unterjochten Niederländer, der sich an einen Prinzen wendet, von dem er hofft, dass er im Gegensatz zum Vater Philipp II. politisch einen anderen Weg gehen würde. Aber Posa belässt es bereits bei diesem ersten Gespräch nicht bei dem historischen Anlass für seinen Auftrag, sondern erweitert ihn zur allgemeinen Menschheitsfrage. Zwar gesandt von den Geusen, sieht er sich als „Abgeordnete(n) der ganzen Menschheit“ (157). Diese Menschheitsfrage greift er in der zentralen Szene mit dem König wieder auf und nennt, fast beiläufig zuerst, die Voraussetzungen für seine Vorstellung: Er will, nachdem er sich vom König eine Gunst erbitten darf, die „Gesetze“ genießen und das als „guter Bürger“(2985 ff.), er will also nicht die Gunst des

Posa als „Abgeordneter der ganzen Menschheit“

absolutistischen Herrschers. Aufgefordert, seine Ideen darzulegen, beschreibt er das utopische Ideal eines Staates, in dem das Individuum Zentrum des politischen Wirkens ist; er kann das nur als „Bürger dieser Welt", der den „Untertan" des Königs verabschiedet habe (3007 ff., 3080): „Ich kann nicht Fürstendiener sein." (3022, 3064) Es wird eine Gesprächssituation geschaffen, die zum Diskurs gleichberechtigter Partner über gegensätzliche Vorstellungen wird: der absolutistische Alleinherrscher und der bürgerliche Menschenrechtsverteidiger. Die Szene hebt sich von der übrigen Handlung ab, indem die Gesprächspartner ihre sozial bestimmten Positionen zeitweise aufgeben. Posa nimmt eine fundamentale kritische Analyse der absolutistischen Staatsform vor. Er sei „Schöpfer" und „Künstler", der „die Menschheit" liebe, was in Monarchien nicht möglich wäre (3035 ff.). Die Zeit sei für seine Ideen noch nicht reif, deshalb lebe er als „Bürger derer, welche kommen werden." (3080) Gegenwärtig sei die Menschheit gefesselt, und als „Tugend" gelte, diese Fesseln „mit Anstand (zu) tragen" (3103): Untertanengeist und geistige Verstümmelung prägten die Welt und würden als Tugend verstanden. Dann führt Posa seine utopischen Entwürfe wieder in die Gegenwart zurück und präzisiert sie am Beispiel der Niederlande, „ein kräftiges, großes Volk", doch statt des Stolzes auf ein solches Volk stößt er auf Zeichen seiner Vernichtung.

Gleichberechtigte Gesprächspartner

Daraus leitet er die Hoffnung ab, dass menschlichere Zeiten kommen voller „Bürgerglück" (3152), das mit „Fürstengröße" versöhnt sei. Die historischen Studien Schillers, die er parallel zur Arbeit am Stück zur *Geschichte des Abfalls der vereinigten Niederlande von der spanischen Regierung* (1788) betrieb, zeigten hier ihre Wirkungen, denn die Vereinigung von Bürger und Fürsten auf einer Ebene war einer der staatlichen Grundsätze der unabhängigen Niederlande. Posa entwickelt für den König die Vorstellung vom „aufgeklärten Fürsten", der „von Millionen Königen ein König" sein solle (3201), und erhebt die Forderung: „Geben Sie / Gedankenfreiheit." (3215 f.), die zum berühmten geflügelten Wort geworden ist. Die Voraussetzung für solche Freiheit ist der „karge Staat", denn alle Handlungen müssen vom Einzelnen daraufhin geprüft werden, ob sie notwendig für die Gesellschaft sind: „... die Notwendigkeit wird menschlich sein." (3155)

„Geben Sie Gedankenfreiheit!"

Philipp II. erkennt die Größe, aber auch die Gefährlichkeit der Ideen Posas und warnt ihn vor der Inquisition. Er nimmt ihn in seine Dienste und überträgt ihm die Prüfung der Vorwürfe gegen Karlos und die Königin. Die neue Bedeutung Posas wird deutlich an Philipps Befehl: „Der Ritter / Wird künftig ungemeldet vorgelassen." (3353 f.) Posa erscheint trotz der Schärfe seiner Überlegungen nicht makellos; mit seinen Intrigen, dem auf die Königin gelenkten Verdacht des Ehebruchs und der Verwendung Karlos' als Werkzeug seines politischen Kampfes verliert er von seiner moralischen Vorbildlichkeit, wendet indessen nur die zeitgemäßen gesellschaftlichen Mittel der Machtausübung an.

Posas Makel

Sucht man nach den Grundlagen für das Gespräch, so finden sie sich in den historischen Studien Schillers und in zwei zeitgenössischen Ideen, in Rousseaus *Gesellschaftsvertrag* und dem aufklärerischen Gedanken der „Fürstenerziehung", wie er sich seit Lessings *Nathan der Weise* verbreitet hatte, und den Vorstellungen der Stürmer und Dränger, insbesondere Goethes, von der gesellschaftlichen Neuordnung.

Aufgabe 3 *

Beschreiben Sie die Rolle der Inquisition im Stück.

Mögliche Lösung in knapper Fassung:

BESCHREIBUNG

Schiller äußerte bereits zu Beginn der Arbeit an dem Drama, dass er es sich zur Pflicht mache, die Inquisition darzustellen und damit die „prostituierte Menschheit" zu rächen. Er betrachtete die Taten der Inquisition als Schandflecken in der Geschichte der Menschheit. Die Inquisition war das entscheidende Herrschaftsinstrument der katholischen Kirche im Machtapparat Philipps II., aber auch zu Schillers Lebzeiten war die Inqusition noch wirksam.

Inquisition als Rahmen

Die Inquisition bildet einen „Rahmen" des Stückes: Ein Monolog Domingos eröffnet den Text, die Übergabe Karlos an den Kardinal (Großinquisitor) durch Philipp II. beendet ihn; das ist gleichbedeutend mit dem Machtverlust des Königs. Im *Thalia-Fragment 1785* wurde im Personenverzeichnis darauf hingewiesen, dass Domingo ein „gewesener Inquisitor" ist, der nun Beichtvater des Königs geworden war. In dieser Fassung wurde die Rolle Domingos auch verbal beschrieben und von Karlos erkannt: Domingo verfolgt den Thronfolger beobachtend und, als er sich ihm nähert, wird er von Karlos als „Erzspion" bezeichnet. In der Endfassung hat diese Deutlichkeit einer diffizileren Beschreibung des inquisitorischen Vorgehens Platz gemacht: Domingo versucht, sich in das Vertrauen des Thronfolgers zu schleichen, redet ihm nach dem Munde, gibt sich unwissend und will ihm, unter der Vorgabe, ihm helfen zu wollen, seine Geheimnisse entreißen. Er ist aber der Partner Albas. Ist Alba der militärisch mächtige Mann, so Domingo der des Verrats und der politischen Intrigen. Nachdrücklich deutlich wird das, als er Albas Eindruck, zwischen der Königin und Karlos könnte eine Beziehung bestehen, zum „Geheimnis" macht – „bewiesen oder nicht bewiesen" (2050) – und als politisches Mittel instrumentalisiert, um König und Königin in „einer Schlinge stürzen" (2048) zu lassen. Die Langfristigkeit seiner Wühl- und Spionagearbeit wird deutlich, als er davon spricht, sich von Karlos nicht zertrümmern zu lassen, „was wir in Jahren bauten" (2009). Domingo ist, allen Anzeichen nach, der Kopf der politischen Intrigen, Alba ist sein militärischer Arm. Beide dienen der Inquisition, deren Haupt der nicht menschlich erscheinende Großinquisitor ist.

Typen anstelle von Individuen

Beide, Domingo und der Großinquisitor, sind Typen, keine Individuen. Das wird darin erkennbar, dass der Großinquisitor keine individuellen Merkmale wie Namen oder andere Kennzeichen bekommt. Zwar beruft er sich bei seinen Plänen und Taten auf seinen „heil'gen Glauben" (2019), aber dieser Glaube ist so wenig wert, dass er sofort preisgegeben wird, wenn es um Einfluss auf die Macht geht. Der entscheidende Auftritt dafür ist die Begegnung mit dem König (3. Akt, 4. Auftritt), wobei Domingo erzählt, was er im Beichtstuhl, als Beichtgeheimnis, erfahren hat. Damit verletzt er eines der entscheidenden Gesetze der katholischen Kirche, die „pflichtgemäße Verschwiegenheit", und müsste eigentlich exkommuniziert werden. Aber weder ihn noch den König bedrückt diese Aussage in irgendeiner Weise. Beide nehmen sie als selbstverständlich hin. Besonders infam ist, dass Domingo ein Geheimnis ausplaudert, das er selbst zum Geheimnis entwickelt hat und das Teil seiner Intrige ist. Vertretern wie Domingo sind alle Mittel recht, um ihren Einfluss zu sichern. Unter dieser Voraussetzung wird das Gespräch weitergeführt: Er spricht von einem Gerücht, das er als „Lüge" verurteilt, um es dann in aller Ausführlichkeit darzustellen und den König dadurch in erneute Zwangslagen zu bringen.

Verletzung des Beichtgeheimnisses

Der Großinquisitor

Ist Domingo die Inkarnation des Denunzianten und Verräters, so ist der Großinquisitor auch äußerlich die Inkarnation der Macht der Inquisition: Schiller beschreibt ihn als einen „Greis von neunzig

Jahren und blind" (nach 5143), also ein Wesen ohne menschliche Ausstrahlung. Indessen ist er für die Anwesenden eine unangreifbare Macht: Alle Granden „werfen sich ... vor ihm nieder" (vor 5144). Der Großinquisitor weist auf einen wesentlichen Unterschied zwischen König und Kirche hin: Wenn der König töten lässt, ist es Mord, wenn die Inquisition tötet, ist es zum Heil der Kirche. Indem Philipp II. Posa erschießen ließ, war es „ruhmlos! freventlich!"(5175), hätte ihn die Kirche umgebracht, wäre das „glorreich" gewesen. Nach diesen Positionsbestimmungen übergibt Philipp, weil er nicht anders kann und selbst, wie er erkennen muss, Gefangener der Inquisition ist, Karlos an die Inquisition. Damit ist die weltliche Macht in völlige Abhängigkeit einer Institution gekommen, die vor keinem Verbrechen zurückschreckt und diese Verbrechen als gottgewollt preist. Schiller lässt in diesem Zusammenhang den Großinquisitor die polare Gegenposition zu Posa verkünden. Hatte dieser vom König gefordert: „Geben Sie / Gedankenfreiheit." (3215 f.), so fordert der Großinquisitor: „Gib die Gewissen frei in deinen Reichen, / Wenn du in deinen Ketten gehst." (5191 f.), statt der aufklärerischen Vernunft wird die Gewissenlosigkeit propagiert. Der Großinquisitor ist als Letzter in Aktion und kündigt dadurch die zukünftige Handlung an: die Vernichtung Karlos', der Königin und aller anderen Andersdenkenden.

Aufgabe 4 **

Wie veränderten sich die Figurenkonstellation und das Thema „Freundschaft" während der Entstehung?

Mögliche Lösung in knapper Fassung:

ANALYSE

Schillers *Don Karlos* entsprach anfangs trotz seiner hoheitlichen Personen aus königlichem Hause den Konflikten einer bürgerlichen

Familie, wie sie aus *Kabale und Liebe* bekannt war, indem es um die Berechtigung und Erfüllung menschliche Gefühle und eine von ständischen Vorgaben freie Entwicklung des Menschen, auch in seinen ganz persönlichen Beziehungen, ging. Das galt in der ersten Fassung des *Don Karlos* besonders für die Liebe des Thronfolgers Karlos zu seiner Stiefmutter, die einmal seine Braut war, aber auch für die angesprochenen Freundschaften. Neben der Liebe zwischen Karlos und Elisabeth bestimmte besonders die Freundschaft zwischen Karlos und Posa das Geschehen; sie erinnerte an die Freundschaftsbünde der Stürmer und Dränger.

Grundsätzliche Veränderung des Stückes

Da die Liebe zwischen Karlos und Elisabeth keine Zukunft haben kann, bringt Posa die durch die Liebe ausgelöste Begeisterung der beiden Menschen in die Freundschaft zwischen sich und Karlos ein und macht diese Freundschaftsbegeisterung dem Freiheitskampf – und damit der angestrebten politischen Lösung – dienlich. Die familiären Vorgänge werden von Posa für aufklärerisch-politische Vorhaben genutzt. Das veränderte das Stück grundsätzlich: Seine Ideen und Entwürfe richten sich nicht mehr auf einen Menschen, sondern umfassen die Menschheit, die ein wesentlicher Begriff im Gespräch mit Philipp ist. Die entscheidende Veränderung zwischen der *Thalia*-Fassung und der endgültigen Fassung in der Buchausgabe entstand durch die Akzentverschiebung der Gestalt des Marquis von Posa. Aus der jugendlichen Freundschaft zwischen Karlos und Posa wird ein politischer Erziehungsprozess, der seine Kontur im Gespräch Posas mit Philipp bekommt: Darin entwickelt Posa sein Programm vom aufgeklärten Fürsten, der sich mit den bürgerlichen Menschenrechten, wie sie von den jungen USA erklärt wurden, vereinbaren lässt: „Bürgerglück / Wird dann versöhnt mit Fürstengröße wandeln“ (Vers 3152 f.). Die Freundschaft zwischen Karlos und Posa verschiebt sich zum Erziehungsvorgang, denn Karlos soll der erste Zögling dieser Erziehung sein und sich als solcher an die Spitze

Von der *Thalia*-Fassung zur Buchausgabe

des niederländischen Freiheitskampfes stellen. So würde er zum Beispiel für den Übergang vom absolutistischen Alleinherrscher zum bürgerlich geprägten Herrscher, „von Millionen Königen ein König" (Vers 3201), zum Vertreter einer neuen, erst zu ahnenden Freiheit des Menschen: „Ich lebe / Ein Bürger derer, welche kommen werden." (Posa, Vers 3080) Um die ideellen Veränderungen zu ermöglichen, die durch Posa eingebracht werden, wird er über die Jugendfreundschaft mit der höfischen Handlung durch eine Vielzahl von Konstruktionen verbunden, die manchmal nur schwer zu verfolgen und oft nicht nachzuvollziehen sind, zumal Posa auch innerhalb der Handlung bis auf die Freundschaft mit Karlos in der ersten Hälfte (3. Akt, 10. Auftritt) weitgehend unbeteiligt ist. Besonders auffallend ist bei den Intrigen, die er einerseits auslöst, denen er andererseits zum Opfer fällt, die Funktion der zahlreichen Briefe. Posa ist in jeder Hinsicht ein Weltbürger.

Freundschaft im Dienst der Politik

Die Freundschaft zwischen Karlos und Posa wird in der endgültigen Fassung von Beginn an auf diese Ziele ausgerichtet. Posa führt sich bei Karlos ein: „Denn jetzt steh ich als Roderich nicht hier, / Nicht als des Knaben Karlos Spielgeselle – / Ein Abgeordneter der ganzen Menschheit / Umarm ich Sie" (155 ff.). Während Karlos die Freundschaft zu erneuern versucht, ist sie für Posa die Gelegenheit, mit ihrer Hilfe seine politischen Ideen allgemein und seine speziellen Vorhaben in Flandern zu verwirklichen. Deshalb stimmt er Karlos' Freundschaftswunsch zu, ohne einen eigenen einzubringen. War anfangs noch Karlos die wichtigste Gestalt in dem Werk, so verschob sich das Gewicht während der Entstehung immer mehr zu Gunsten Posas. Den Höhepunkt dieser Entwicklung erreichte Schiller in der Audienzszene zwischen König Philipp II. und Posa (3. Akt, 10. Auftritt). Mit seinen Gesellschafts- und Staatsentwürfen tritt Posa letztlich sogar aus der Handlung des Stückes heraus und beschreibt 1568 eine Zukunft, die sich als Schillers Gegenwart 1787 versteht. Hatte er einerseits den genauen Bezug zu seinen historischen Ereignissen hergestellt – „Flandern" (Vers 3287) –, so weist er andererseits auf die Utopie seiner Vorstellungen hin: „Das Jahrhundert / Ist meinem Ideal nicht reif." (Vers 3078 f.) Für Posas Utopie sind seine Partner nicht reif: Karlos kann letztlich nicht von seiner Liebe lassen, die Königin ist in ihrer Stellung gefangen. Posas Untergang ist deshalb zwangsläufig; es bleibt das Wissen, dass der von ihm unterstützte Freiheitskampf der Niederländer auch ohne Posa und Karlos zum Erfolg geführt hat und sich bürgerliche Gesellschaftsstrukturen durchzusetzen begannen, die nun – am Vorabend der Französischen Revolution und im Umfeld der amerikanischen Unabhängigkeitserklärung – auch für Deutschland anstanden.

LITERATUR

Zitierte Ausgaben:

Schiller, Friedrich: *Don Carlos. Infant von Spanien. Ein dramatisches Gedicht.* Husum/Nordsee: Hamburger Lesehefte Verlag, 2008 (Hamburger Leseheft Nr. 80, Heftbearbeitung Kurt Sternelle).

Schiller, Friedrich: *Don Karlos. Infant von Spanien. Ein dramatisches Gedicht.* Stuttgart: Reclam, 2001 (RUB Nr. 38).

Schiller, Friedrich: *Dom (Don) Karlos.* In: Schillers Werke (Nationalausgabe). Begründet von Julius Petersen. Hrsg. im Auftrag der Nationalen Forschungs- und Gedenkstätten der klassischen deutschen Literatur in Weimar (Goethe- und Schiller-Archiv) und des Schiller-Nationalmuseums in Marbach von Lieselotte Blumenthal und Benno von Wiese. Bd. 6, hrsg. von Paul Böckmann und Gerhard Kluge: *Don Karlos*. Bd. 7, Teil I, unter Mitwirkung von Lieselotte Blumenthal hrsg. von Paul Böckmann und Gerhard Kluge: *Don Karlos*. Bd. 7, Teil II, hrsg. von Paul Böckmann und Gerhard Kluge: *Don Karlos* (Anmerkungen). Weimar: Hermann Böhlaus Nachfolger 1973, 1974, 1986 → Zitiert mit der Sigle: ‚NA', Band- und Seitenangabe.

Weitere Quellen:

Schiller, Friedrich: *Sämtliche Werke in fünf Bänden*. Bd. 2. Hrsg. v. Peter-André Alt, Albert Meier u. Wolfgang Riedel unter der Mitarbeit v. Irmgard Müller u. Jörg Robert. München: dtv, 2004.

Schiller, Friedrich: *Sämtliche Werke*. Berliner Ausgabe. Hrsg. von Hans-Günther Thalheim und einem Kollektiv von Mitarbeitern. Bd. 3 (Bearbeiter: Regine Otto): *Don Karlos, Briefe über Don Karlos, Körners Vormittag*. Berlin, Weimar: Aufbau, 1987.

Schillers Briefe. Hrsg. und mit Anmerkungen versehen von Fritz Jonas. Kritische Gesamtausgabe in sieben Bänden. Stuttgart, Leipzig, Berlin, Wien: Deutsche Verlags-Anstalt, 1892–1896.

Schillers Gespräche. In: Schillers Werke (Nationalausgabe). Begründet von Julius Petersen, hrsg. im Auftrag der Nationalen Forschungs- und Gedenkstätten der klassischen deutschen Literatur in Weimar (Goethe- und Schiller-Archiv) und des Schiller-Nationalmuseums in Marbach von Lieselotte Blumenthal und Benno von Wiese. Bd. 42. Unter Mitwirkung von Lieselotte Blumenthal hrsg. von Dietrich Germann und Eberhard Haufe. Weimar: Hermann Böhlaus Nachfolger, 1967.

Der Briefwechsel zwischen Schiller und Goethe in drei Bänden. Nach den Handschriften des Goethe- und Schiller-Archivs hrsg. von Hans Gerhard Gräf und Albert Leitzmann. Leipzig: Insel-Verlag, 1964.

Goethe, Johann Wolfgang: *Erste Bekanntschaft mit Schiller 1794* [1817]. In: Ders.: Poetische Werke. Berliner Ausgabe. Bd. 16. Berlin, Weimar, 1964.

Lernhilfen und Kommentare für Schüler:

Bernhardt, Rüdiger: *Erläuterungen zu Friedrich Schiller: Don Karlos*. Hollfeld: C. Bange Verlag, 4. Aufl. 2010 (Königs Erläuterungen und Materialien, Bd. 6) → Vorläufer vorliegender Erläuterung.

Heizmann, Bertold: *Friedrich Schiller. Don Karlos*. Lektüreschlüssel für Schülerinnen und Schüler. Stuttgart: Philipp Reclam jun., 2004 (RUB Nr. 15352).

Koopmann, Helmut: *Don Carlos*. In: Walter Hinderer (Hrsg.): Schillers Dramen. Stuttgart: Reclam, 1992, S. 159–201 (RUB Nr. 8807).

Pörnbacher, Karl: *Friedrich Schiller. Don Carlos. Erläuterungen und Dokumente*. Stuttgart: Reclam, 1973, bibl. erg. Ausg. 1995 (RUB Nr. 8120) → Neben der Zusammenstellung wesentlicher Dokumente zu Quellen, Entstehung und Wirkungsgeschichte wichtiges Hilfsmittel für Worterklärungen, enthält aber kaum literaturhistorische Kommentare.

Sekundärliteratur:

Alt, Peter-André: *Schiller. Leben – Werk – Zeit. Eine Biographie*. 2 Bde. München: C. H. Beck, 2000 → Eine verlässliche und gründliche Arbeit, die Forschungsarbeiten gut verarbeitet hat und übersichtlich darstellt.

Alt, Peter-André: *Friedrich Schiller*. München: C. H. Beck, 2004 (Reihe „C. H. Beck Wissen") → Als kurze Einführung geeignet.

Bode, Wilhelm (Hrsg.): *Goethe in vertraulichen Briefen seiner Zeitgenossen*. 3 Bde. Berlin: Aufbau, 1999.

Brandt, Helmut (Hrsg.): *Friedrich Schiller. Angebot und Diskurs*. Berlin, Weimar: Aufbau, 1987 → Zum *Don Karlos* eignen sich die Aufsätze von Klaus-Detlef Müller zum bürgerlichen Trauerspiel, Hans-Georg Werners zur Vergegenwärtigung von Geschichte und Edward M. Batleys zur Posa-Figur.

Burschell, Friedrich: *Friedrich Schiller mit Selbstzeugnissen und Bilddokumenten*. Hamburg: Rowohlt, 29. Aufl. 1995 → Zum Werk wird in der knappen Darstellung wenig gesagt, mit Fakten wird großzügig umgegangen.

Damm, Sigrid: *Das Leben des Friedrich Schiller. Eine Wanderung*. Frankfurt am Main u. Leizpig: Insel Verlag, 2004.

Devrient, Eduard: *Geschichte der deutschen Schauspielkunst*. 2 Bde. Hrsg. v. Rolf Kabel u. Christoph Trilse. Berlin: Henschel, 1967.

Dürrenmatt, Friedrich: *Friedrich Schiller.* In: Ders.: Gesammelte Werke in sieben Bänden. Bd. 7: Essays und Gedichte. Zürich: Diogenes, 1991, S. 431–450 → Rede, gehalten im Nationaltheater in Mannheim anlässlich der Übergabe des Schillerpreises 1959.

Edwards, John: *Die spanische Inquisition*. Aus dem Englischen von Harald Ehrhardt. Düsseldorf, Zürich: Artemis & Winkler, 2003.

Hettner, Hermann: *Geschichte der deutschen Literatur im achtzehnten Jahrhundert*. 2 Bde. Berlin: Aufbau, 1961 → Die zwischen 1862 und 1870 erstmals erschienene Literaturgeschichte ist bis heute als „der Hettner" ein Standardwerk für die klassische deutsche Literatur.

High, Jeffrey L.: *Schillers Unabhängigkeitserklärungen. Die niederländische* Plakkaat van Verlatinge, *der ‚amerikanische Krieg' und die unzeitgemäße Rhetorik des Marquis Posa.* In: Jahrbuch der deutschen Schillergesellschaft, 54 Jg./2010, Göttingen: Wallstein Verlag, 2010, S. 82–110 → In dem Aufsatz werden detailliert die Parallelen zwischen den amerikanischen und niederländischen Unabhängkeitserklärungen sowie den Reden Posas aufgelistet (S. 101–108), insbesonders die Beziehungen zum Begriff „Glückseligkeit", den Schiller und Jefferson als „die regulative Idee des Rechtsstaats betrachten" (S. 92).

Koopmann, Helmut: *Schiller-Kommentar zu den Dichtungen*. Bd. 1. München: Winkler, 1969.

Luserke-Jaqui, Matthias (Hrsg.) unter Mitarbeit von Grit Dommes: *Schiller-Handbuch. Leben – Werk – Wirkung.* Sonderausgabe. Stuttgart, Weimar: Verlag J. B. Metzler, 2011.

Mann, Thomas: *Versuch über Schiller. Seinem Andenken zum 150. Todestage in Liebe gewidmet*. In: Ders.: Adel des Geistes. Berlin, Weimar: Aufbau, 1965.

Mehring, Franz: *Schiller. Ein Lebensbild für deutsche Arbeiter* [1905] und *Tells Geschoss* [1901/02]. In: Ders: Gesammelte Schriften. Bd. 10: Aufsätze zur deutschen Literatur von Klopstock bis Weerth. Hrsg. v. Thomas Höhle [u. a.]. Berlin: Dietz, 1961, S. 91–241 und 298–302.

Midell, Eike: *Friedrich Schiller. Leben und Werk*. Leipzig: Reclam, 1980 (RUB Nr. 800).

Oellers, Norbert (Hrsg.): *Schiller – Zeitgenosse aller Epochen. Dokumente zur Wirkungsgeschichte Schillers in Deutschland.* Teil I: 1752–1859. Frankfurt a. M.: Athenäum, 1970; Teil II: München: Beck, 1976.

Oellers, Norbert: *Schiller. Elend der Geschichte, Glanz der Kunst.* Stuttgart: Philipp Reclam jun., 2005 → Sachlich begründete und gesicherte Interpretationen.

Otto, Regine: *Familiengemälde und Weltbürgerdrama: „Don Carlos"*. In: Hans-Dietrich Dahnke und Bernd Leistner (Hrsg.): Schiller. Das dramatische Werk in Einzelinterpretationen. Leipzig: Reclam, 1982, S. 89–121 (RUB Nr. 962).

Pilling, Claudia; Schilling, Diana; Springer, Miriam: *Friedrich Schiller.* Reinbek bei Hamburg: Rowohlt Taschenbuch Verlag, 2002 → Nachfolgeband der Monographie von Friedrich Burschell.

Rühle, Günther: *Theater für die Republik im Spiegel der Kritik*. Bd. 2: 1926–1933. Berlin: Henschel, 1988.

Safranski, Rüdiger: *Schiller oder Die Erfindung des Deutschen Idealismus*. München, Wien: Carl Hanser, 2004.

Schuhmann, Klaus: *Rezeptionsgeschichte als Zeitgeschichte. Goethe, Schiller, Hölderlin und Heine im literaturgeschichtlichen Kontext des 20. Jahrhunderts.* Leipzig: Universitätsverlag, 2010 → Darin: Schiller-Szenen als literarische Parodie und politische

Satire im Kabarett „Schall und Rauch" und bei der politischen Opposition, S. 116–171.

Walser, Robert: *Dichteten diese Dichter richtig? Eine poetische Literaturgeschichte*. Hrsg. v. Bernhard Echte. Frankfurt a. M., Leipzig: Insel, 2002 (Insel Taschenbuch 2789).

Wertheim, Ursula: *Schillers ‚Fiesko' und ‚Don Carlos'. Zu Problemen des historischen Stoffes*. Weimar: Arion, 1958.

Wertheimer, Jürgen: *Mensch Schiller!* In: Literaturen. Heft 1/2 2005.

Wilpert, Gero von: *Schiller-Chronik. Sein Leben und Schaffen*. Stuttgart: Alfred Kröner, 1958; Berlin: Akademie, 1959 → Wichtiges Hilfsmittel für Schillers Leben und die Entstehung der Werke.

Wölfel, Kurt: *Friedrich Schiller*. München: dtv, 2004 (dtv portrait).

Wolzogen, K(C)aroline von: *Schillers Leben*. Stuttgart, Tübingen: Verlag der J. G. Cotta'schen Buchhandlung 1830; Reprint: Caroline von Wolzogen: *Gesammelte Schriften*. Bd. 2: *Schillers Leben*. 2 Teile in einem Band. Mit einer Einleitung von Peter Boerner. Hildesheim: Georg Olms, 2004 → Diese Schiller-Biografie (1830) ist in persönlichen Abschnitten entproblematisiert, etwa das Verhältnis Schillers zu beiden Schwestern betreffend, aber in den zeitgenössischen Bezügen wichtig. Spätere Biografien bedienten sich hier ausgiebig.

Wulf, Joseph: *Literatur und Dichtung im Dritten Reich. Eine Dokumentation*. Reinbek bei Hamburg: Rowohlt, 1966 (rororo Taschenbuch Nr. 809–811).

Filme (Auswahl):

Don Carlos. Regie: Fritz Umgelter, ARD, 24. 11. 1957.

Don Carlos. Regie: Alfred Stöger/Josef Gielen, Österreich 1960.

Don Carlos. Eine Originalaufführung des Wiener Burgtheaters. Inszenierung: Josef Gielen. 1961 im Progress Film-Vertrieb Berlin.

Don Carlos. Regie: Franz Peter Wirth, ZDF, 25. 10. 1963.

Don Karlos. Regie: Hans W. Geissendörfer, Berliner Rundfunk, 20. 11. 1971.

Don Carlos. Aufzeichnung des Fernsehens der DDR aus dem Schauspielhaus Leipzig 1977. Inszenierung: Karl Kayser.

Don Carlos. Aufzeichnung bei arte aus dem Thalia-Theater Hamburg. Regie: Jette Steckel. 23. Juli 2012.

STICHWORTVERZEICHNIS